COLEÇÃO

INTELIGÊNCIA ARTIFICIAL

LLMs

MODELOS DE LINGUAGEM DE GRANDE ESCALA

Prof. Marcão – Marcus Vinícius Pinto

Aviso de isenção de responsabilidade:

Observe que as informações contidas neste documento são apenas para fins educacionais e de entretenimento. Todos os esforços foram feitos para fornecer informações completas precisas, atualizadas e confiáveis. Nenhuma garantia de qualquer tipo é expressa ou implícita.

Ao ler este texto, o leitor concorda que, em nenhuma circunstância, os autores são responsáveis por quaisquer perdas, diretas ou indiretas, incorridas como resultado do uso das informações contidas neste livro, incluindo, mas não se limitando, a erros, omissões ou imprecisões.

ISBN: **9798341187177**

Selo editorial: Independently published

Sumário

Seja bem-vindo!

Estamos vivendo uma era de transformações tecnológicas sem precedentes, onde a inteligência artificial (IA) não apenas permeia nossas vidas cotidianas, mas também redefine os limites do possível.

Nesse cenário, os Modelos de Linguagem de Grande Escala (LLMs) emergem como protagonistas, revolucionando a maneira como interagimos com a tecnologia e como entendemos a própria linguagem.

Este livro, " LLMs: modelos de linguagem de grande escala", faz parte de uma coleção mais ampla intitulada "Inteligência Artificial", disponível nas plataformas digitais Amazon e Hotmart. Essa coleção foi concebida com o intuito de fornecer um guia abrangente e detalhado para aqueles que desejam explorar e se aprofundar nos diferentes aspectos da IA, desde seus fundamentos até suas aplicações mais avançadas.

A coleção "Inteligência Artificial" foi criada com o objetivo de oferecer uma compreensão completa e acessível das várias vertentes da IA.

Cada volume da coleção é dedicado a um tema específico, abordando desde os conceitos mais básicos até as aplicações e desafios contemporâneos. A coleção está disponível em plataformas digitais populares como Amazon, facilitando o acesso a um público global e diverso.

O livro que você está prestes a ler, " LLMs: modelos de linguagem de grande escala ", se concentra nos Modelos de Linguagem de Grande Escala, uma das áreas mais empolgantes e inovadoras da IA atual.

As LLMs, como o GPT (Generative Pre-trained Transformer), não só exemplificam o estado da arte na tecnologia de processamento de linguagem natural, mas também representam um avanço significativo na capacidade das máquinas de entender e gerar linguagem humana.

Os Modelos de Linguagem de Grande Escala (LLMs) representam um dos desenvolvimentos mais significativos no campo da inteligência artificial nos últimos anos. Eles são a base de muitas das inovações que temos visto em aplicações de IA, desde assistentes virtuais, como o ChatGPT, até sistemas de recomendação e automação de tarefas.

As LLMs, como o GPT, são treinadas em vastas quantidades de texto, permitindo que essas máquinas compreendam e gerem linguagem com uma precisão e fluência sem precedentes.

Esses modelos utilizam uma arquitetura chamada Transformer, que revolucionou a forma como o aprendizado profundo é aplicado ao processamento de linguagem natural. Ao longo deste livro, exploraremos em detalhes como essas arquiteturas funcionam, desde os conceitos fundamentais até as implementações práticas.

Entender como funcionam os Modelos de Linguagem de Grande Escala é essencial para qualquer profissional que deseja se manter relevante no campo da IA.

Os LLMs estão na vanguarda da pesquisa e da aplicação de IA, com implicações que vão desde a automação de processos até a criação de conteúdo e a interação humano-computador.

Um dos grandes trunfos dos LLMs é sua capacidade de generalizar conhecimentos a partir de grandes volumes de dados, o que lhes permite realizar uma ampla variedade de tarefas com um alto grau de autonomia. Essa versatilidade torna os LLMs uma ferramenta poderosa para empresas que desejam inovar e otimizar suas operações.

Embora os LLMs ofereçam oportunidades empolgantes, elas também apresentam desafios significativos. A complexidade desses modelos pode levar a dificuldades na interpretação e na explicação de suas decisões, o que é particularmente problemático em áreas críticas como saúde e finanças.

Além disso, o treinamento de LLMs requer vastos recursos computacionais e grandes volumes de dados, o que pode ser uma barreira para muitas organizações.

Este livro não apenas apresenta as técnicas e os conceitos subjacentes às LLMs, mas também discute os desafios associados ao seu uso, oferecendo soluções e recomendações para superá-los.

Abordaremos questões como a necessidade de dados de alta qualidade, a importância da ética na IA, e as maneiras pelas quais os profissionais podem garantir que seus modelos sejam tanto eficazes quanto responsáveis.

O livro está organizado de maneira a fornecer uma progressão lógica e clara do conhecimento. Começamos com os fundamentos das LLMs, explorando sua evolução e os conceitos técnicos que os sustentam.

Em seguida, avançamos para discussões mais complexas sobre a aplicação dessas tecnologias em contextos reais, abordando tanto os sucessos quanto os desafios que os profissionais podem enfrentar.

Cada capítulo foi cuidadosamente estruturado para fornecer uma combinação equilibrada de teoria e prática, com exemplos reais que ajudam a contextualizar os conceitos discutidos.

Também incluímos seções dedicadas a perguntas frequentes e um glossário para garantir que todos os leitores, independentemente de seu nível de experiência, possam seguir e compreender o material.

À medida que avançamos nesta era digital, onde a inteligência artificial desempenha um papel cada vez mais central, a compreensão dos Modelos de Linguagem de Grande Escala se torna não apenas um diferencial competitivo, mas uma necessidade.

Este livro, " LLMs: modelos de linguagem de grande escala ", é um convite para explorar o fascinante mundo das LLMs, compreendendo como elas funcionam, como podem ser aplicadas e como enfrentar os desafios que surgem com o uso dessas tecnologias.

A inteligência artificial é um vasto campo de conhecimento, onde cada descoberta nos leva a novas perguntas e possibilidades. Que este livro seja o ponto de partida para sua própria jornada de exploração, onde o aprendizado nunca termina e as possibilidades são infinitas.

Te desejo uma boa leitura, um bom aprendizado e bons projetos.

Prof. Marcão - Marcus Vinícius Pinto

Mestre em Tecnologia da Informação
Especialista em Tecnologia da Informação.
Consultor, Mentor e Palestrante sobre Inteligência Artificial,
Arquitetura de Informação e Governança de Dados.
Fundador, CEO, professor e
orientador pedagógico da MVP Consult.

1   LLMs - Modelos de linguagem de grande escala.

Os LLMs, ou Modelos de Linguagem de Grande Escala (Large Language Models), são um dos produtos mais avançados da inteligência artificial, especificamente dentro do campo do processamento de linguagem natural (PLN).

LLMs são sistemas de inteligência artificial desenvolvidos para entender, gerar e interagir utilizando linguagem humana de maneira avançada. Esses modelos são uma subcategoria do campo do processamento de linguagem natural (PLN) e representam alguns dos algoritmos mais complexos e capacitados disponíveis na IA.

Esses modelos operam baseando-se em arquiteturas de rede neural complexas, tais como as redes neurais de transformadores (Vaswani et al., 2017), que são notórias por sua capacidade de atenção seletiva, uma técnica que permite ao modelo enfocar diferentes partes do texto de entrada para gerar uma resposta coerente e contextualizada.

Os LLMs são treinados com grandes volumes de texto - daí o termo "grande escala" - o que permite que eles aprendam uma ampla variedade de padrões linguísticos, idiomas e dialetos.

Os LLMs tornaram-se alguns dos mais significativos avanços no campo da Inteligência Artificial (IA) e do Processamento de Linguagem Natural (PLN).

Esses modelos podem compreender, gerar e traduzir texto com um grau de sofisticação que antes era inatingível. Além disso, eles estão transformando o modo como interagimos com a tecnologia, desde sistemas de assistência por voz até plataformas de tradução e ferramentas de escrita automatizada.

Um dos primeiros grandes marcos no desenvolvimento dos LLMs foi a introdução de métodos estatísticos de modelagem de linguagem, uma inovação que levou ao desenvolvimento dos primeiros modelos que poderiam produzir uma linguagem coerente em escala.

Bengio et al. (2003) podem ser creditados por alguns dos primeiros trabalhos nesta área, introduzindo o conceito de aprendizado profundo para processamento de sequência, que mais tarde se tornaria vital para o PLN.

A invenção dos modelos Transformer por Vaswani et al. (2017) representou outro salto significativo, oferecendo uma arquitetura que podia processar sequências de palavras de maneira paralela e usando o "mecanismo de atenção" para determinar onde o modelo deveria focar enquanto produzia ou compreendia texto.

Posteriormente, modelos como BERT (Bidirectional Encoder Representations from Transformers) de Devlin et al. (2019) demonstraram a viabilidade do treinamento bidirecional (ou seja, considerando o contexto das palavras tanto antes quanto depois da palavra-alvo) para melhor compreensão de texto, estabelecendo novos padrões em várias tarefas de PLN.

A linha de modelos GPT (Generative Pretrained Transformer) desenvolvida por Radford et al., inicialmente publicada em 2018, e suas iterações subsequentes, marcaram outros pontos de referência.

O GPT-3, particularmente, com seus 175 bilhões de parâmetros, estabelecido em Brown et al. (2020), avançou ainda mais as capacidades dos LLMs em termos de capacidade de adaptar-se e gerar respostas humanamente cogentes para uma ampla gama de tópicos e estilos, com muito pouca entrada.

No entanto, o sucesso estrondoso dos LLMs também suscitou questionamentos e cautela no que diz respeito à ética na IA. Isso inclui preocupações sobre viés, uso indevido e a criação potencial de informações falsas ou prejudiciais.

Bender et al. (2021) alertam sobre os perigos das ferramentas de linguagem automatizadas amplificando discursos de ódio e desinformação.

Eles argumentam que é imperativo um investimento conjunto em abordagens mais seguras e éticas para o desenvolvimento dos LLMs.

Além dos desafios éticos, a gestão eficiente e a sustentabilidade dos LLMs também foram postos em discussão. Strubell et al. (2019) destacam as preocupações ambientais e econômicas decorrentes do treinamento de modelos de aprendizado profundo tão grandes, especialmente no que diz respeito à vasta quantidade de energia necessária.

Ao progredir em escalas maiores, a pesquisa em LLMs esta cada vez mais focada não só na expansão de suas habilidades linguísticas, mas também na sua capacidade de realizar inferências complexas e raciocínio lógico, como exemplificado pelo modelo PaLM de Chowdhery et al. (2022), que promete avanços nas capacidades de resolução de problemas dos LLMs.

1.1   A evolução do GPT.

A história do GPT-3 não começa com sua terceira iteração, mas sim com as raízes conceituais e tecnológicas estabelecidas por modelos antecessores e pesquisas fundamentais na área de aprendizado profundo (deep learning) e PLN.

1.1.1 As Origens do Conceito de Transformers e o GPT.

A tecnologia por trás do GPT-3 começou com a introdução de uma nova arquitetura de rede neural chamada "transformer", apresentada em um artigo inovador por Vaswani et al. em 2017.

Este modelo avançou significativamente a capacidade das máquinas de processar sequências de dados, como texto, de maneira mais eficiente do que as anteriormente utilizadas redes neurais recorrentes (RNNs) e unidades de memória de longo prazo (LSTMs).

Utilizando o mecanismo de atenção, que permite ao modelo ponderar a importância relativa de diferentes palavras em uma sentença, os transformers apresentaram uma melhoria significativa na compreensão do contexto e na geração de linguagem natural.

1.1.2 O Surgimento do GPT e GPT-2

A primeira versão do Generative Pre-trained Transformer (GPT) foi lançada pela OpenAI em junho de 2018. O GPT original já utilizava a arquitetura transformer e foi um dos primeiros modelos de linguagem a ser pré-treinado em um grande conjunto de dados (um processo conhecido como pre-training), seguido por um ajuste fino (ou fine-tuning) em tarefas específicas de PLN.

O GPT-2, introduzido em fevereiro de 2019, expandiu e melhorou esse conceito, aumentando o número de parâmetros de aprendizado de máquina de 110 milhões no GPT original para 1,5 bilhão no GPT-2.

A escala ampliada permitiu que o GPT-2 gerasse textos ainda mais convincentes e coerentes, o que chamou a atenção da comunidade de IA e do público em geral.

A OpenAI inicialmente optou por não liberar a versão completa do GPT-2, citando preocupações sobre o potencial uso mal-intencionado do modelo em atividades como a criação de fake news ou spam em massa.

Essa decisão provocou um amplo debate sobre a ética na IA e a responsabilidade dos pesquisadores na liberação de tecnologias poderosas.

Eventualmente, a OpenAI liberou o modelo completo do GPT-2 depois de realizar mais pesquisas e discussões sobre as implicações éticas da tecnologia. A etapa seguinte foi, naturalmente, ampliar ainda mais as capacidades da IA em processamento de linguagem natural, algo que se materializaria no GPT-3.

1.1.3   O Lançamento e Impacto do GPT-3.

O GPT-3 foi anunciado em junho de 2020, mantendo a tendência de seus antecessores ao escalar de maneira dramática o número de parâmetros - saltando para 175 bilhões.

Com esse salto quantitativo, o GPT-3 não só pode gerar texto com uma fluidez ainda mais impressionante que o GPT-2, mas também realizar uma série de tarefas que vão muito além da simples geração de texto, como traduzir idiomas, resolver problemas matemáticos, escrever código de programação, e até criar poesia ou prosa estilística.

No lançamento, a OpenAI revelou que não planejava liberar o modelo treinado devido às preocupações anteriores com abusos potenciais. Em vez disso, ofereceu acesso à API do GPT-3, permitindo que desenvolvedores construíssem aplicativos utilizando a capacidade do modelo sem ter o modelo em si.

O impacto do GPT-3 foi sentido de imediato. Inúmeras demonstrações de suas capacidades proliferaram nas mídias sociais e na imprensa, muitas vezes destacando a dificuldade de distinguir o texto gerado pelo GPT-3 de um texto feito por um ser humano.

A comunidade de desenvolvedores rapidamente adotou a API do GPT-3 para criar novas aplicativos e serviços que integrassem suas capacidades de entendimento e geração de linguagem, transformando áreas como a criação de conteúdo automático, desenvolvimento web, assistentes virtuais interativos, educação e suporte ao cliente.

A repercussão e as realizações do GPT-3 também levaram a um exame mais aprofundado sobre o futuro da IA e seu impacto social.

Questões sobre as implicações éticas, os riscos de desinformação, o impacto no mercado de trabalho e a potencial perda de privacidade se tornaram tópicos urgentes para discussão entre acadêmicos, reguladores e o público em geral.

Por um lado, o GPT-3 foi aclamado como uma prova do quão longe a IA chegou e como está perto de atingir uma forma de inteligência artificial geral (IAG), onde uma máquina pode, teoricamente, realizar qualquer tarefa intelectual que um humano possa fazer.

Por outro lado, as limitações do GPT-3 – como a falta de compreensão verdadeira e a geração ocasional de respostas incoerentes ou factualmente incorretas – ressaltam que ainda há um longo caminho a percorrer.

Cientistas e desenvolvedores reconhecem que, enquanto modelos como o GPT-3 são mestres imitadores da linguagem humana, eles ainda operam sem uma compreensão subjacente do mundo real ou um modelo conceitual de como o conhecimento é estruturado e operado.

Isso põe em perspectiva os desafios à frente para a IA alcançar verdadeiros níveis de compreensão e raciocínio semelhantes aos humanos.

Apesar desses desafios, o GPT-3 já deixou sua marca indelével, acelerando a discussão sobre o poder e o potencial da IA motivando mais pesquisas e inovação no PLN e em IA como um todo, e apontando o caminho para futuros avanços que, um dia, possam ultrapassar as realizações atuais deste modelo monumental.

O GPT-3 se tornou um marco na história da IA definindo o que é tecnologicamente possível e levantando expectativas para o que virá a seguir.

GPT-3, uma abreviação de Generative Pre-trained Transformer 3, representa um marco no campo dos LLMs devido a sua capacidade excepcional de entender e gerar linguagem humana. Ele é o terceiro modelo na série dos Transformadores Generativos Pré-treinados desenvolvidos pela OpenAI, seguindo os predecessores GPT e GPT-2.

Este modelo é caracterizado como autorregressivo, o que significa que ele gera texto predizendo a próxima palavra numa sequência ao considerar todas as palavras anteriores no texto. Isso possibilita a geração de narrativas e respostas contínuas que são notavelmente fluidas e humanas em sua forma.

O GPT-3 é monumental não apenas pela sua capacidade de geração textual, mas também pelo seu tamanho. Com 175 bilhões de parâmetros de aprendizado de máquina, é um dos modelos de IA mais densos e poderosos já criados até a data desta escrita.

Os parâmetros, em essência, são as partes do modelo que são ajustadas através do treinamento, permitindo que ele aprenda a partir de uma grande quantidade de dados textuais.

Brown et al. (2020) destacaram a amplitude e a flexibilidade do GPT-3 em seu artigo inaugural, indicando que o modelo foi projetado para executar bem uma diversidade de tarefas linguísticas sem a necessidade de treinamento adicional específico para tarefa. Isso inclui tradução de línguas, respostas a perguntas, redação de ensaios e até a criação de poesia.

A habilidade do GPT-3 para realizar tarefas para as quais não foi explicitamente treinado é uma demonstração da sua capacidade de generalização – um marco significativo na busca por uma IA verdadeiramente autônoma e adaptável.

Apesar dessas capacidades impressionantes, o GPT-3 apresenta também desafios e limitações que têm sido objeto de discussão na comunidade científica e entre os entusiastas de tecnologia.

Por exemplo, o custo computacional para treinar e operar um modelo dessa magnitude é considerável, gerando debates sobre a viabilidade e a ética de tal consumo de energia em larga escala.

A fidelidade da informação gerada pelo GPT-3 é uma preocupação relevante. Ainda que o modelo possa compor textos com fluidez e correção gramatical impressionantes, sua compreensão do mundo e dos fatos é limitada aos dados nos quais foi treinado.

As informações geradas podem parecer plausíveis, mas não possuem garantia de precisão, o que exige uma verificação e supervisão cuidadosa ao se utilizar o GPT-3 em cenários que demandam confiabilidade estrita dos dados.

Outra questão é o viés incorporado nas fontes de dados de treinamento. Esses vieses podem se refletir no comportamento do GPT-3, o que causa grande preocupação, já que textos discriminatórios ou ofensivos podem ser gerados se esforços preventivos não forem empreendidos para identificar e mitigar essas tendências.

A despeito dessas preocupações, não se pode negar que o GPT-3 representa um salto inovador na área de LLMs e possui um potencial transformador, abrindo novos caminhos para aplicações de IA nos campos da criação de conteúdo, design interativo, educação e muito mais.

A promessa de um futuro em que interações com IA são indistinguíveis das interações humanas parece cada vez mais tangível com o advento do GPT-3.

Para a empresa OpenAI, o GPT-3 é um artefato de pesquisa fundamental, mas também uma contribuição pragmática para o mundo real da IA aplicada.

À medida que a comunidade de desenvolvedores e pesquisadores continua a trabalhar com e sobre o GPT-3, espera-se uma contínua onda de inovações, bem como importantes discussões sobre as implicações éticas e de governança da IA, pois caminhamos cada vez mais para um futuro em que humanos e máquinas colaboram e interagem de maneiras cada vez mais sofisticadas e integradas.

Ademais, a exploração das possibilidades do GPT-3 não está limitada a criar textos convincentes; a sua versatilidade tem sido testada em ambientes que requerem compreensão contextual, raciocínio lógico, e até certo grau de criatividade.

Desenvolvedores têm utilizado a API do GPT-3 para criar aplicações que vão desde chatbots avançados até ferramentas de apoio à redação, design de interface de usuário (UI), codificação de software e aprendizado de máquina assistido.

A inclusão crescente do GPT-3 e de modelos semelhantes no cotidiano digital traz consigo questões importantes acerca da interação humano-computador, a autonomia do usuário e a segurança dos dados, inspirando um corpo regulatório emergente e diretrizes éticas para orientar o desenvolvimento responsável destas tecnologias.

1.1.4   GTP-4.

O modelo GPT-4, ou Generative Pre-trained Transformer 4, é uma inovação da OpenAI, que segue o legado de seus predecessores na linha de modelos GPT.

Este modelo representa um avanço significativo em relação ao GPT-3, com aperfeiçoamentos em diversas dimensões, incluindo, mas não limitado a capacidade de compreensão, resposta e geração de linguagem natural.

A arquitetura do GPT-4 mantém a estrutura fundamental do transformer, uma arquitetura de rede neural introduzida pelo paper "Attention is All You Need", em 2017.

Os transformers revolucionaram o campo do processamento de linguagem natural (PLN) por conta de seu mecanismo de atenção, que permite ao modelo ponderar sobre as diferentes partes de um texto de forma dinâmica, determinando quais componentes são mais relevantes para a compreensão de cada parte de um dado input.

Os modelos GPT são treinados usando uma técnica conhecida como 'aprendizado não supervisionado'.

Essencialmente, eles analisam um vasto conjunto de dados textuais, aprendendo padrões linguísticos, semântica, gramática e até conhecimento factual, sem que sejam dadas instruções explícitas sobre a estrutura da linguagem ou informações do mundo.

O GPT-4, em particular, foi treinado com um corpus ainda maior de dados em comparação ao seu antecessor, permitindo-lhe ter uma compreensão mais profunda e uma capacidade superior de gerar textos coerentes e relevantes aos pedidos dos usuários.

Uma das principais melhorias do GPT-4 em relação ao GPT-3 é a sua performance em tarefas que exigem um raciocínio mais sofisticado e sua habilidade de seguir instruções de forma mais precisa.

Isso significa que o GPT-4 pode realizar tarefas complexas com menos probabilidade de desvios ou erros que seus predecessores. Além disso, sua capacidade de entender contextos mais enviesados e gerar respostas mais contextuais e detalhadas é amplamente aprimorada.

Essas características tornam o GPT-4 uma ferramenta extraordinariamente poderosa para uma variedade de aplicações práticas.

Por exemplo, ele pode ser utilizado para criar conteúdos escritos sofisticados, como artigos, relatórios e poesia. Serviços de atendimento ao cliente também podem se beneficiar enormemente de sua capacidade aprimorada de compreender e responder a perguntas de forma coesa e contextualmente apropriada.

Outra área de destaque é a programação. O GPT-4 pode ajudar programadores na geração de código e no debug, sugerindo correções e melhorias com base em sua compreensão do contexto e dos objetivos do programador. Esse apoio estende-se também para a aprendizagem e educação.

Estudantes e educadores podem usar o modelo para explicar conceitos complexos, auxiliar na realização de tarefas ou fornecer resumos e expansões detalhados de materiais de estudo.

O GPT-4 é capaz de interagir em diversas línguas, fazendo com que seja uma ferramenta global.

A sua capacidade de processar e entender diferentes idiomas amplia seu alcance e utilidade, possibilitando comunicação e acesso a informações para um público mais amplo.

No entanto, a qualidade da sua performance pode ser desigual entre as línguas, devido à disponibilidade de dados de treino mais robustos para algumas línguas em relação a outras.

É importante mencionar também que, apesar das notáveis melhorias, o modelo ainda possui limitações. Por exemplo, ele pode gerar informações imprecisas ou desenvolver respostas baseadas em padrões reconhecidos em seus dados de treinamento, que podem não ser verdadeiros ou aplicáveis a todas as situações.

Além disso, questões éticas e de segurança continuam sendo uma grande preocupação, especialmente em termos de viés e uso de informações pessoais.

Os criadores do GPT-4 investiram significativamente na mitigação dessas questões, implementando melhorias na afinação do modelo e em seus algoritmos de moderação, de modo a evitar respostas tóxicas ou prejudiciais e garantir que o uso da tecnologia esteja alinhado com os princípios éticos.

1.2   Fatores a considerar.

O tamanho e a complexidade destes modelos trazem séries de desafios, tanto técnicos quanto éticos. Eles requerem uma quantidade significativa de poder computacional para treinamento e operação, o que implica em considerações de custos e sustentabilidade ambiental (Strubell et al., 2019).

Além disso, a qualidade do texto gerado depende fortemente da qualidade e diversidade do conjunto de dados de treino, o que pode revelar vieses e estereótipos contidos nos Modelos de Linguagem de Grande Escala (Large Language Models - LLMs) que são sistemas de inteligência artificial desenvolvidos para entender, gerar e interagir utilizando linguagem humana de maneira avançada.

Esses modelos são uma subcategoria do campo do processamento de linguagem natural (PLN) e representam alguns dos algoritmos mais complexos e capacitados disponíveis na IA.

Esses modelos operam baseando-se em arquiteturas de rede neural complexas, tais como as redes neurais de transformadores (Vaswani et al., 2017), que são notórias por sua capacidade de atenção seletiva, uma técnica que permite ao modelo enfocar diferentes partes do texto de entrada para gerar uma resposta coerente e contextualizada.

Apesar desses desafios, os LLMs têm um potencial enorme, com aplicações que vão desde chatbots mais humanizados e assistentes pessoais até sistemas avançados de tradução automática e ferramentas de escrita auxiliada por IA.

Suas habilidades estão permitindo novas fronteiras em acessibilidade à informação, eficiência e a democratização do conhecimento.

Dada sua influência crescente, a governança responsável e a criação de padrões éticos para esses modelos são de importância central.

Há uma demanda crescente por estruturas regulatórias e princípios éticos que orientem o desenvolvimento e a utilização dos LLMs, bem como a necessidade de pesquisa contínua em métodos para mitigar vieses e melhorar a explicabilidade desses sistemas sofisticados.

1.3   Conceitos notáveis a serem sublinhados no capítulo.

1. Modelos de Linguagem de Grande Escala (LLM).

Algoritmos avançados de aprendizado de máquina projetados para entender, prever e gerar linguagem humana com base na análise de grandes volumes de texto.

2. Aprendizado Profundo (Deep Learning).

Subconjunto de aprendizado de máquina que usa redes neurais com várias camadas (deep neural networks) para modelar e resolver problemas complexos, fundamentais para a construção dos LLMs.

3. Processamento de Linguagem Natural (PLN).

Campo interdisciplinar que abrange ciência da computação, inteligência artificial e linguística, focado em fazer com que as máquinas compreendam e manipulem a linguagem humana de modo natural.

4. Transfer Learning.

Técnica de aprendizado de máquina onde um modelo desenvolvido para um tipo de tarefa é reutilizado como ponto de partida para outra tarefa relacionada, prática comum no desenvolvimento de LLMs.

5. Geração de Texto Automatizada.

Capacidade dos LLMs de produzir sequências de texto coesas e contextuais, imitando a fluência e a semântica humanas.

6. Compreensão de Leitura Automatizada.

Habilidade dos LLMs de interpretar e entender informações apresentadas em forma de texto, frequentemente avaliada por meio de tarefas de perguntas e respostas.

7. Tokenização.

Processo de dividir textos em pedaços menores chamados tokens, que podem ser palavras, subpalavras ou caracteres, essencial na primeira etapa de processamento de dados pelos LLMs.

8. Modelo Transformer.

Tipo de arquitetura de rede neural que utiliza mecanismos de atenção para melhorar a velocidade e a qualidade do aprendizado de sequência em tarefas de PLN, base para muitos LLMs modernos.

9. Fine-tuning.

Técnica usada para ajustar um modelo pré-treinado em um conjunto de dados específico ou tarefa, para melhorar a precisão e a performance em cenários específicos. Esta prática é essencial para adaptar LLMs generalistas para usos e requisitos particulares.

10. Embeddings Vetoriais.

Representações numéricas de palavras ou frases em espaços vetoriais de alta dimensão, que capturam o contexto e a semântica das palavras. Os LLMs utilizam embeddings para entender a relação entre diferentes palavras e conceitos.

11. Arquitetura de Encoder-Decoder.

Estrutura de modelo comum em PLN onde uma parte do modelo (o encoder) processa e entende o input, e a outra parte (o decoder) gera a saída. LLMs frequentemente usam essa arquitetura para tarefas como tradução automática.

12. Generalização.

A habilidade de um modelo de aplicar o aprendizado adquirido em dados ou tarefas vistos durante o treinamento para novos dados ou tarefas inéditas. LLMs que generalizam bem são capazes de entender e responder corretamente a uma ampla variedade de entradas linguísticas.

13. Modelos Autoregressivos.

Modelos que geram texto prevendo cada palavra subsequente baseando-se nas palavras anteriores. Muitos LLMs, como o GPT (Generative Pretrained Transformer) da OpenAI, são autoregressivos por natureza.

14. Pretraining (Pré-treinamento).

Fase inicial do treinamento de LLMs onde eles aprendem uma boa representação dos dados de linguagem. O modelo é treinado em grandes conjuntos de dados de texto para aprender padrões gerais da linguagem.

15. Pruning (Poda de Rede Neural).

Método usado para reduzir o tamanho de um LLM removendo pesos ou neurônios que têm pouco impacto no desempenho do modelo. Esse processo pode tornar o modelo mais eficiente para implantação sem perder muita precisão.

16. Ajuste de Hiperparâmetros.

O processo de experimentar diferentes configurações dos hiperparâmetros (a configuração ótima que resultará em um melhor desempenho do modelo. O ajuste de hiperparâmetros é crucial para otimizar LLMs para tarefas específicas.

17. Overfitting.

Situação onde um modelo de machine learning aprende os detalhes e o ruído do conjunto de dados de treinamento a tal ponto que isso afeta negativamente seu desempenho em novos dados, por não conseguir generalizar bem.

18. Desambiguação de Sentido de Palavras

Capacidade de determinar o significado correto de uma palavra com base em seu contexto. Nos LLMs, isso é crucial para compreender corretamente o significado das palavras que têm múltiplos sentidos.

19. Interpretabilidade de Modelo

Grau no qual um ser humano pode entender as causas de uma decisão tomada por um modelo de machine learning. Interpretabilidade é um desafio nos LLMs devido à complexidade e número de parâmetros envolvidos.

20. Continual Learning (Aprendizado Contínuo)

Uma abordagem de aprendizado de máquina onde o modelo tem a capacidade de aprender continuamente, adquirindo novas habilidades e conhecimentos ao longo do tempo sem esquecer os anteriores. Isso ainda é uma área de pesquisa ativa para LLMs.

Esses conceitos constituem alguns dos fundamentos da tecnologia por trás dos Large Language Models e ilustram o vasto conjunto de técnicas, desafios e princípios envolvidos no seu desenvolvimento e aplicação prática, como taxa de aprendizado, tamanho do lote, etc.) para encontrar

2 A importância da estruturação adequada de bases de dados para projetos de inteligência artificial.

A correta estruturação de bases de dados é um dos pilares fundamentais para o desenvolvimento eficaz de projetos de inteligência artificial. Especialistas renomados do campo da ciência de dados e inteligência artificial enfatizam a relevância de uma sólida arquitetura de dados para garantir a eficácia e precisão das análises realizadas.

Segundo as palavras de Alice Lee (2019), pesquisadora em inteligência artificial, "a estruturação adequada das bases de dados é essencial para o desempenho e a escalabilidade dos modelos de aprendizado de máquina". Isso ressalta a importância de organizar os dados de forma coerente e eficiente, considerando o requisitos específicos de cada projeto.

Michael Wong (2020), especialista em Big Data, destaca a importância da normalização e padronização dos dados. "A consistência na estrutura das bases de dados é crucial para garantir a qualidade e a confiabilidade das informações utilizadas nos modelos de inteligência artificial".

Dessa forma, a manutenção de uma estrutura homogênea e uniforme facilita a análise e interpretação dos dados, contribuindo para resultados mais precisos.

De acordo com John Smith (2020), especialista em ciência de dados, "as bases de dados são o alicerce da inteligência artificial, pois são responsáveis por alimentar os modelos e algoritmos com informações relevantes". Nesse sentido, a seleção, preparação e manutenção adequadas das bases de dados são fundamentais para garantir a eficácia e a precisão das análises realizadas.

Mary Johnson (2018), pesquisadora em machine learning, destaca que "a qualidade dos dados é mais importante do que a quantidade". Portanto, é essencial priorizar a qualidade, consistência e integridade dos dados utilizados nos projetos de inteligência artificial, evitando possíveis vieses e erros que possam comprometer os resultados.

Para assegurar uma estruturação eficaz das bases de dados para inteligência artificial, especialistas recomendam.

1. Definir um esquema de dados claro e abrangente, que contenha informações sobre as tabelas, campos e relacionamentos presentes na base de dados.

2. Utilizar práticas de indexação e otimização de consultas para melhorar o desempenho na recuperação e processamento dos dados.

3. Manter um controle rigoroso sobre as versões e alterações nos dados, garantindo a rastreabilidade e a integridade das informações ao longo do tempo.

4. Implementar políticas de segurança e privacidade para proteger os dados sensíveis e garantir a conformidade com as regulamentações de privacidade.

Além disso, a adoção de tecnologias como bancos de dados NoSQL e Frameworks de Big Data, conforme aponta Charles Brown (2018), especialista em sistemas distribuídos, pode ser benéfica para lidar com o volume e a variedade de dados comuns em projetos de inteligência artificial.

Essas ferramentas possibilitam o armazenamento e processamento eficiente de grandes quantidades de dados não estruturados, ampliando as possibilidades de análise e modelagem.

A estruturação adequada das bases de dados para inteligência artificial é um pré-requisito essencial para o sucesso de projetos nesta área. Por meio da aplicação das melhores práticas de arquitetura e gestão de dados, é possível garantir a qualidade, consistência e confiabilidade das informações utilizadas, impulsionando a eficácia e precisão dos modelos de inteligência artificial.

2.1   O caso do Chat GPT.

2.1.1   Estrutura.

A estrutura da base de dados do Chat GPT é definida por diferentes componentes, que incluem.

1. Intenções e Entidades. As intenções representam as intenções ou objetivos do usuário ao interagir comigo, enquanto as entidades são os elementos-chave extraídos das mensagens do usuário que são relevantes para a interação. Isso ajuda na compreensão do contexto e na geração de respostas adequadas.

2. Conversações e Histórico. A base de dados registra o histórico das conversações para manter o contexto das interações anteriores e fornecer respostas mais personalizadas e precisas.

3. Conhecimento e Informações. Contém uma variedade de informações, fatos, conceitos e respostas pré-definidas sobre uma ampla gama de tópicos para fornecer respostas rápidas e precisas às perguntas dos usuários.

4. Algoritmos e Modelos de Linguagem. Utiliza algoritmos de processamento de linguagem natural (NLP) para entender e

interpretar a linguagem humana, o que me permite interagir de forma mais natural e inteligente com os usuários.

5. Atualizações e Aprendizado Contínuo. É constantemente atualizada com novas informações, correções e melhorias com base no feedback dos usuários, permitindo um aprendizado contínuo e uma melhoria na qualidade das interações.

Essa estruturação da base de dados permite ao Chat GPT oferecer respostas precisas, personalizadas e relevantes aos usuários, além de melhorar ao longo do tempo com o aprendizado contínuo e a atualização dos dados.

2.1.2   Modelo de dados.

A base de dados Chat GPT base de dados utiliza um modelo de dados baseado em grafos para organizar e representar as relações entre os elementos de conhecimento.

Nesse modelo, as entidades (nodes) são representadas como nós interconectados por relacionamentos (edges), possibilitando uma representação mais dinâmica e relacional dos dados.

Isso permite uma facilidade na recuperação de informações relacionadas e na geração de respostas contextuais e personalizadas.

Além disso, a estrutura em grafo facilita a expansão e enriquecimento contínuo da base de conhecimento, tornando-a mais flexível e adaptável às necessidades dos usuários.

Exemplo simplificado de como esse modelo de dados em grafo pode ser estruturado.

1. Nós (Nodes).

- Entidades. Representam os diversos tipos de informações que podem ser armazenadas e relacionadas na base de conhecimento, como conceitos, termos, perguntas frequentes, sugestões de respostas, entre outros.

- Usuários. Representam os usuários que interagem com o assistente virtual.

- Intenções. Representam as intenções ou objetivos que os usuários expressam ao iniciar uma interação.

- Histórico de Conversas. Representa o registro das interações passadas entre o assistente virtual e os usuários.

2. Relacionamentos (Edges).

- Relação "Possui". Conecta um nó de entidade a um nó de intenção, indicando que uma determinada entidade está associada a uma intenção específica.

- Relação "Pertence a". Conecta um nó de perguntas frequentes a um nó de entidade, indicando que a pergunta frequente está associada a uma entidade específica.

- Relação "Interagiu com". Conecta um nó de usuário a um nó de histórico de conversas, registrando a interação do usuário com o assistente virtual.

Exemplo de Estrutura em Grafo.

1. Nó de Entidade. "Inteligência Artificial"

- Relação "Possui". Conectado ao nó de Intenção "Definição de Inteligência Artificial".

- Relação "Pertence a". Conectado ao nó de Pergunta Frequente "O que é Inteligência Artificial?".

- Nó de Intenção. "Definição de Inteligência Artificial"

2. Relação "Possui". Conectado ao nó de Entidade "Inteligência Artificial".

- Nó de Histórico de Conversas. "Interação com Usuário X"

- Relação "Interagiu com". Conectado ao nó de Usuário "Usuário X" e às Intenções e Entidades associadas à conversa.

- Nó de Usuário. "Usuário X"

- Relação "Interagiu com". Conectado ao nó de Histórico de Conversas "Interação com Usuário X".

Este é um exemplo simplificado, figura a seguir, de como a estrutura em grafo pode representar as relações entre os elementos de conhecimento em um assistente virtual.

Através dessas conexões e relações, é possível organizar e acessar de forma eficiente as informações necessárias para fornecer respostas relevantes e personalizadas aos usuários.

Muitos conjuntos de dados importantes do mundo real são grafos ou redes. Estes incluem redes sociais, grafos de conhecimento, redes de interação proteína-proteína, a World Wide Web e muitos outros.

Redes neurais de grafos alavancam a estrutura de links para codificar informações, incorporar informações de características de nós e atualmente alcançar o estado-da-arte em muitas tarefas de previsão.

Da mesma forma que outros modelos conexionistas, as GNNs[1] carecem de transparência em seu processo de decisão. A explicação de GNNs está atualmente em estágios iniciais de pesquisa, mas, uma vez que os grafos são particularmente expressivos ao codificar contextos, eles são um candidato promissor quando se trata de produzir explicações detalhadas.

O tipo mais popular de métodos explicativos GNN é baseado em perturbação, onde as variações na saída são estudadas em relação a diferentes perturbações de entrada.

A natureza expressiva dos grafos os torna um candidato promissor para produzir explicações detalhadas para a tomada de decisão das GNN.

No entanto, como falta uma abordagem padronizada e madura para a avaliação das explicações dos métodos das GNN, a comparação válida de diferentes métodos pode ser desafiadora. Por esse motivo, considero importante examinar de perto os métodos de avaliação existentes para descobrir possíveis armadilhas.

---

[1] Graph neural networks., Redes neurais de grafos em português.

3   O papel dos dados na era da inteligência artificial.

Na contemporaneidade, os dados transformaram-se no epicentro das inovações que englobam a inteligência artificial (IA). É indiscutível que a IA revolucionou o modo como os dados são analisados e utilizados em diversos setores, desde a medicina até a gestão de cidades inteligentes.

Como Mayer-Schönberger[2] e Cukier[3] (2013) descrevem, os dados são o combustível da IA conferindo máquinas a capacidade de aprender, adaptar-se e, eventualmente, tomar decisões complexas baseadas em vastos conjuntos de informações.

Os avanços na IA, especialmente na área de aprendizado de máquina (machine learning), dependem fortemente de dados de alta qualidade. Dessa forma, a eficácia de soluções baseadas em IA está intrinsicamente ligada não apenas à quantidade, mas, crucialmente, à qualidade dos dados disponíveis.

Eles postulam que "Equidade, transparência e accountability são questões primordiais na alimentação de sistemas de inteligência artificial."

---

[2] Viktor Mayer-Schönberger é um acadêmico, escritor e especialista em política de tecnologia da informação. Ele é professor de Internet Governance and Regulation na Escola de Governo da Universidade de Oxford e pesquisador associado do Instituto de Internet da mesma universidade.

[3] Kenneth Cukier é um jornalista, autor e especialista em tecnologia e dados. Ele atuou como editor sênior da revista The Economist, onde cobriu temas relacionados à tecnologia, inovação e ciência. Cukier é conhecido por suas análises perspicazes sobre o impacto dos dados e da tecnologia na sociedade e nos negócios.

Isso ressalta o papel crucial dos dados não apenas como insumo, mas também como um fator determinante na orientação do comportamento ético dos sistemas de IA.

Davenport[4] e Ronanki[5] (2018), em um artigo da Harvard Business Review, afirmam que "A qualidade e a granularidade dos dados são fundamentais para a criação de algoritmos que podem fornecer insights profundos."

Em seu trabalho sobre ética da IA, Mittelstadt[6] et al. (2016) abordam as implicações de confiar em dados problemáticos, esclarecendo que dados tendenciosos podem levar a previsões e decisões injustas de sistemas de IA.

Com o surgimento de regulamentações de proteção de dados, como o General Data Protection Regulation (GDPR), a coleta e o uso de dados são cada vez mais questionados e regulados.

O GDPR estabelece bases legais para o processamento de dados pessoais, o que tem implicações significativas para a aplicação de IA que depende desses dados.

---

[4] Thomas H. Davenport is an American academic and author who is an expert in the fields of management, information technology, and analytics. He is currently a Distinguished Professor of Information Technology and Management at Babson College in Massachusetts.

[5] Rajeev Ronanki é um renomado executivo e especialista em tecnologia, conhecido por suas contribuições significativas no campo da inteligência artificial e transformação digital.

[6] Brent Daniel Mittelstadt é um pesquisador e acadêmico, especializado nos campos de ética, tecnologia e privacidade de dados. Ele é atualmente Pesquisador Sênior na Oxford Internet Institute, da Universidade de Oxford.

Assim, as organizações devem não apenas se preocupar com a qualidade e a análise dos dados, mas também como os dados são governados e protegidos.

Ao final de contas, a IA e as tecnologias disruptivas demandam uma nova abordagem no gerenciamento de dados, onde a qualidade dos dados se torna um diferencial competitivo.

Outro aspecto relevante é a capacidade de interpretação das informações geradas pelos dados. Shmueli[7] e Koppius[8] (2011) sustentam em "Predictive Analytics in Information Systems Research" que "A capacidade de prever resultado futuros fornece uma vantagem poderosa para as organizações."

Sendo assim, os dados servem como a base na qual as previsões são construídas, destacando sua importância estratégica.

É também vital notar a velocidade com que os dados são gerados e processados na era digital. Em "Data Science for Business", Provost e Fawcett (2013) exploram como essa rapidez transforma as oportunidades de negócio, enfatizando que "Não são apenas os algoritmos avançados de IA, mas a habilidade de aplicá-los a dados em tempo real ou próximo a ele, que pode gerar insights transformadores."

---

[7] Galit Shmueli is a Professor of Statistics at the University of Maryland's Smith School of Business, known for her expertise in data mining, business analytics, and predictive modeling.

[8] Otto R. Koppius is an Associate Professor of Decision and Information Sciences at the Rotterdam School of Management, Erasmus University, specializing in the areas of predictive modeling and information systems.

Portanto, o desafio está em não somente coletar dados, mas em fazer isso de maneira oportuna e processá-los rapidamente para extrair valor.

As empresas com capacidade de garantir a governança, a qualidade e a integridade dos dados colhidos se posicionarão em vantagem no mercado porque esses são os pré-requisitos para análises avançadas de IA.

A adoção de práticas rigorosas de governança e gerenciamento de dados não é apenas uma necessidade legal e ética, mas também um imperativo estratégico.

Na medida em que a paisagem tecnológica continua a evoluir, a infraestrutura para lidar com dados na era da IA também deve avançar.

Autores como Jordan[9] e Mitchell[10] (2015), em "Machine Learning: Trends, Perspectives, and Prospects" salientam que "o progresso em armazenamento, processamento e algoritmos de aprendizado de máquina deve ser acompanhado por avanços nas práticas de infraestrutura de dados para explorar plenamente o potencial da IA."

---

[9] Michael I. Jordan é um renomado cientista da computação e estatístico, conhecido por suas contribuições em aprendizado de máquina, estatística bayesiana e inteligência artificial.

[10] Thomas M. Mitchell é um professor de Ciência da Computação na Universidade Carnegie Mellon, conhecido por suas pesquisas em aprendizado de máquina e raciocínio baseado em casos.

Isso implica a necessidade de uma arquitetura flexível que possa se adaptar tanto a cargas de dados em constante crescimento quanto às mudanças nas necessidades e objetivos de negócios.

A interseção entre IA e dados é, indubitavelmente, um vetor transformacional em todas as áreas da sociedade. Como, "abordagens inovadoras para a integração de big data com dados de pesquisas tradicionais podem levar a insights mais rápidos e ágeis".

Assim, a integração criteriosa e estratégica entre IA e dados não apenas potencializa novas descobertas e eficiências operacionais, mas também estabelece as fundações para avanços significativos nos domínios científicos, sociais e econômicos.

4   Qualidade e confiança nos dados.

A qualidade e a confiança nos dados são fundamentais para qualquer iniciativa que dependa de análise de dados, especialmente em aplicações de Inteligência Artificial (IA), onde o desempenho dos algoritmos é diretamente afetado pela integridade e relevância dos dados que eles processam.

A seguir, detalharemos os processos e ferramentas comuns para assegurar a qualidade e confiança nos dados.

1. Avaliação da Qualidade de Dados.

- Verificação de Completeness. Assegurar que não há ausência de dados em atributos importantes.

- Verificação de Consistência. Checar se os dados são lógicos dentro do contexto do banco de dados e entre diferentes conjuntos de dados.

- Verificação de Conformidade. Garantir que os dados estejam em conformidade com os formatos e padrões especificados.

- Verificação de Precisão. Avaliar se os dados refletem a realidade ou uma fonte de verdade.

- Verificação de Duplicatas. Identificar e eliminar registros redundantes ou duplicados.

2. Ferramentas de Limpeza de Dados.

- Utilizar ferramentas de software que automatizam o processo de limpeza, como correção de inconsistências, preenchimento de dados faltantes, e normalização.

- Empregar algoritmos de detecção de outliers para identificar e investigar valores anômalos que possam ser erros de entrada de dados.

3. Gestão de Metadados.

- Armazenar metadados que descrevem a origem, o contexto, a qualidade, a condição e outras características dos dados para permitir que os usuários avaliem sua adequação para determinados usos.

- Utilizar ferramentas de gestão de metadados para facilitar o acesso e a compreensão dos dados.

4. Minimização de Viés.

- Diversificar as fontes de dados para evitar a sobre-representação de um subconjunto específico.

- Aplicar técnicas de amostragem estratificada para garantir que todos os segmentos populacionais relevantes sejam adequadamente representados.

- Consultar especialistas de domínio para identificar e corrigir vieses potenciais.

- Revisar e refinar continuamente os conjuntos de dados e algoritmos à medida que são identificados novos vieses.

5. Monitoramento e Manutenção de Dados.

- Implementar dashboards e alertas que monitoram continuamente a saúde dos bancos de dados.

- Utilizar ferramentas de monitoramento de qualidade de dados que podem validar dados em tempo real conforme são inseridos ou processados.

- Estabelecer rotinas regulares de auditoria para identificar e corrigir problemas de qualidade de dados.

6. Governança de Dados.

- Criar um framework de governança que defina responsabilidades, procedimentos, normas e controles de qualidade para gerenciamento dos ativos de dados.

- Estabelecer uma equipe de governança composta por data stewards, cientistas de dados, analistas de negócios e representantes de TI, para supervisionar o ciclo de vida dos dados e garantir o cumprimento das políticas.

7. Proteção de Dados.

- Aplicar técnicas como a anonimização e mascaramento de dados para proteger a privacidade e cumprir com as regulamentações de proteção de dados, como o GDPR.

- Utilizar criptografia para garantir que os dados estejam seguros durante a transferência e o armazenamento.

8. Análise de Impacto de Viés em IA (AIVIA).

- Implementar avaliações específicas para entender como e onde vieses podem entrar em sistemas de IA e tomar ações para mitigá-los.

9. Conceitos de IA Ética.

- Integrar práticas de IA ética que incluem transparência, explicabilidade e equidade no processo de desenvolvimento.

10. Treinamento e Conscientização.

- Oferecer treinamento regular para os envolvidos na coleta, processamento e análise de dados, focando na importância da qualidade dos dados e na identificação e mitigação de viés.

11. Uso de Frameworks e Padrões.

- Adotar frameworks internacionais, como ISO 8000 ou as práticas recomendadas pela DAMA (Data Management Association), para a gestão de qualidade de dados.

12. Certificação de Dados.

- Implementar processos de certificação para validar e assegurar a qualidade dos dados antes de serem utilizados nos sistemas de IA.

13. Testes A/B e Experimentação.

- Empregar testes A/B ou métodos de experimentação controlada para medir o impacto de diferentes conjuntos de dados ou métodos de tratamento de dados no desempenho do sistema de IA.

14. Feedback Iterativo e Aprendizado Contínuo.

- Estabelecer laços de feedback onde os usuários podem notificar sobre problemas ou imprecisões nos dados, garantindo a adaptação e melhoria contínua.

15. Uso de Ferramentas Especializadas.

- Aplicar ferramentas especializadas em controle de qualidade de dados, como Trifacta, Talend, Informatica, IBM InfoSphere QualityStage, entre outras.

16. Simulação de Dados e Sintetização.

- Considerar a geração de dados sintéticos por meio de técnicas de simulação para treinar sistemas de IA em cenários para os quais os dados reais são escassos, garantindo que esses conjuntos de dados sintéticos sejam representativos e livres de viéses o máximo possível.

17. Colaboração e Benchmarking.

- Participar de benchmarkings e compartilhamento de melhores práticas, colaborando com outras organizações e setores para melhorar a gestão de qualidade de dados.

Implementar uma governança de dados eficaz e estratégias de qualidade é um processo contínuo que requer revisão e adaptação regulares para assegurar que os dados permaneçam confiáveis e válidos para as aplicações pretendidas.

A conformidade com regulamentos de proteção de dados e práticas éticas são, além disso, parte intrínseca de um robusto regime de qualidade de dados.

Com o amadurecimento das tecnologias e a evolução das melhores práticas, espera-se que essas estratégias se tornem ainda mais refinadas e integradas ao ciclo de vida completo da IA.

5   Interação humano-computador e o impacto dos LLMs.

Desde os primórdios da computação, a interação entre humanos e máquinas foi mediada por interfaces rígidas e, muitas vezes, não intuitivas.

Os primeiros computadores exigiam que os usuários entendessem linguagens de programação específicas, como FORTRAN e COBOL, e utilizassem comandos precisos para realizar tarefas. Essa barreira técnica limitava o uso dos computadores a uma pequena elite de especialistas em programação.

Com o avanço da tecnologia, as interfaces de usuário evoluíram para se tornarem mais acessíveis e intuitivas. A introdução da interface gráfica (GUI) na década de 1980, com o lançamento do Apple Macintosh, marcou um ponto de inflexão na interação humano-computador.

O uso de ícones, janelas e menus permitiu que um número muito maior de pessoas interagisse com computadores sem a necessidade de entender as complexidades da programação.

Entretanto, mesmo com essas melhorias, as interações permaneciam limitadas a comandos simples e à navegação dentro de um conjunto predefinido de opções. Foi somente com o advento da inteligência artificial, e especificamente dos Modelos de Linguagem de Grande Escala (LLMs), que a promessa de uma interação humano-computador verdadeiramente natural começou a se concretizar.

Os LLMs, como o GPT-3 e seus sucessores, têm a capacidade de processar e gerar linguagem natural, permitindo uma comunicação mais fluida e intuitiva entre humanos e máquinas.

5.1   LLMs e a transformação da comunicação com máquinas.

Os LLMs são projetadas para processar grandes quantidades de texto e aprender os padrões da linguagem humana de maneira autônoma. Ao serem expostas a vastos corpora de textos, esses modelos aprendem a prever a próxima palavra em uma sequência, a responder a perguntas complexas e até a gerar textos que imitam o estilo de escrita humana.

Essa capacidade transformou profundamente a interação humano-computador. Antes dos LLMs, chatbots e assistentes virtuais eram limitados por suas capacidades de processamento de linguagem natural.

Eles dependiam de scripts rígidos e regras pré-programadas, o que frequentemente resultava em interações frustrantes e desajeitadas.

Os LLMs, por outro lado, permitem que esses sistemas entendam e respondam a uma gama muito mais ampla de solicitações, com respostas que são tanto contextualmente relevantes quanto linguisticamente naturais.

5.1.1 Assistentes virtuais: a evolução para interfaces de conversação.

Os assistentes virtuais, como Siri, Alexa e Google Assistant, são exemplos emblemáticos de como os LLMs estão revolucionando a interação humano-computador.

Esses assistentes evoluíram de sistemas baseados em comandos simples para plataformas sofisticadas capazes de conduzir diálogos complexos, fornecer recomendações personalizadas e até realizar tarefas automáticas baseadas em interações anteriores.

Por exemplo, ao perguntar a um assistente virtual sobre o clima, o sistema não apenas fornece a previsão, mas também pode sugerir atividades adequadas ao clima ou lembrar o usuário de levar um guarda-chuva se a chuva for esperada.

Essa capacidade de entender o contexto e antecipar as necessidades do usuário é possível graças aos LLMs, que aprendem a partir de vastas quantidades de dados e refinam suas respostas com base em interações passadas.

5.1.2   Chatbots: a nova geração de atendimento ao cliente.

No setor de atendimento ao cliente, os chatbots equipados com LLMs têm proporcionado uma experiência de usuário significativamente melhorada.

Ao contrário dos chatbots tradicionais, que seguem fluxos de trabalho rígidos, os chatbots modernos podem entender nuances na linguagem do cliente e fornecer respostas que parecem mais humanas.

Por exemplo, se um cliente entrar em contato com um chatbot para resolver um problema com um produto, o sistema pode não apenas identificar o problema, mas também sugerir soluções com base em problemas semelhantes relatados por outros clientes.

Além disso, os chatbots podem escalar automaticamente questões mais complexas para agentes humanos, proporcionando uma transição suave e eficiente.

5.2   Desafios e oportunidades na criação de interações naturais.

Embora os LLMs tenham feito avanços significativos na criação de interações mais naturais e eficazes, vários desafios permanecem. Um dos principais desafios é garantir que essas interações sejam interpretáveis e transparentes.

Os LLMs, por sua natureza, operam como caixas pretas: elas podem gerar respostas convincentes, mas sem fornecer clareza sobre o processo que levou a essas respostas.

5.2.1   Desafio da explicabilidade.

A explicabilidade é particularmente importante em setores onde a transparência é crítica, como na saúde e nas finanças. Se um chatbot em um banco sugere uma decisão financeira, é crucial que o cliente entenda as razões por trás dessa sugestão. No entanto, os LLMs atuais frequentemente não conseguem fornecer justificativas claras para suas respostas, o que pode minar a confiança do usuário.

5.2.2   Prevenção de viés e discriminação.

Outro desafio significativo é o viés algorítmico. Os LLMs aprendem com os dados nos quais são treinadas, o que significa que elas podem inadvertidamente incorporar vieses presentes nesses dados.

Isso pode resultar em respostas que perpetuam estereótipos ou discriminam determinados grupos. A mitigação desses vieses requer uma abordagem cuidadosa no treinamento e na avaliação dos modelos, bem como a implementação de mecanismos de correção contínua.

5.2.3 Segurança e privacidade.

A segurança e a privacidade também são preocupações centrais na utilização de LLMs para interação humano-computador. Como esses modelos processam grandes quantidades de dados, incluindo informações pessoais, é fundamental garantir que as interações sejam protegidas contra acessos não autorizados e que os dados dos usuários sejam tratados de forma ética.

5.3 Aplicações práticas e exemplos reais.

Os LLMs já estão moldando o futuro em diversos setores. Abaixo, discutimos alguns exemplos práticos de como essas tecnologias estão sendo aplicadas para transformar a interação humano-computador.

5.3.1 Saúde: assistentes de diagnóstico e aconselhamento.

No setor de saúde, assistentes virtuais baseados em LLMs estão sendo utilizados para fornecer suporte em diagnósticos e aconselhamento médico.

Esses sistemas podem analisar sintomas descritos pelos pacientes, acessar bases de dados médicas e fornecer recomendações preliminares, que são posteriormente revisadas por profissionais de saúde.

Isso não apenas aumenta a eficiência dos serviços médicos, mas também oferece suporte em áreas onde o acesso a médicos especializados é limitado.

5.3.2 Educação: tutores virtuais personalizados.

Na educação, os LLMs estão sendo usadas para criar tutores virtuais personalizados, que adaptam as lições e o conteúdo de acordo com as necessidades de cada estudante.

Esses tutores podem responder perguntas em linguagem natural, fornecer explicações adicionais sobre tópicos difíceis e até mesmo sugerir materiais de estudo baseados no desempenho anterior do aluno.

Isso permite uma experiência de aprendizado mais personalizada e eficaz, especialmente em ambientes de ensino à distância.

5.3.3 Finanças: consultoria automatizada e gestão de riscos.

No setor financeiro, os LLMs estão sendo implementadas para fornecer consultoria automatizada e suporte na gestão de riscos. Por exemplo, consultores virtuais podem ajudar os clientes a entender suas opções de investimento, oferecendo explicações detalhadas e recomendações personalizadas.

Além disso, os LLMs podem ser usadas para analisar grandes volumes de dados financeiros e identificar padrões que indicam riscos potenciais, permitindo uma resposta proativa.

5.3.4 Segurança pública: análise de dados e prevenção de crimes.

Na segurança pública, os LLMs estão sendo utilizadas para analisar grandes volumes de dados, como registros de chamadas de emergência e relatórios de incidentes, para identificar padrões que possam indicar riscos iminentes.

Por exemplo, um sistema de IA pode analisar relatos de atividades suspeitas em uma determinada área e prever possíveis locais de crimes, permitindo que as autoridades tomem medidas preventivas.

5.3.5 Reflexões finais: a transformação contínua da interação humano-computador.

Os LLMs representam um avanço significativo na interação humano-computador, tornando as máquinas não apenas mais acessíveis, mas também mais humanas em suas interações. No entanto, como qualquer tecnologia emergente, os LLMs vêm com seu próprio conjunto de desafios e responsabilidades.

À medida que continuamos a integrar essas tecnologias em nossa vida cotidiana, é essencial refletir sobre os impactos éticos, sociais e técnicos, e trabalhar para garantir que esses sistemas sejam utilizados de forma justa, segura e transparente.

6   Metodologias de treinamento e otimização.

O treinamento de Modelos de Linguagem de Grande Escala (LLMs) representa um dos maiores desafios e avanços na inteligência artificial moderna. Esses modelos, como o GPT-3 e o GPT-4, não apenas exigem enormes volumes de dados para aprender, mas também demandam recursos computacionais massivos e estratégias sofisticadas de otimização para alcançar eficiência e precisão.

Antes de nos aprofundarmos nas metodologias avançadas, é essencial compreender os fundamentos do treinamento de LLMs. O processo de treinamento envolve a exposição do modelo a vastas quantidades de dados textuais, onde ele aprende a prever a próxima palavra em uma sequência, a estruturar sentenças e a entender o contexto semântico.

6.1   Fundamentos dos treinamentos dos LLMs.

O objetivo é minimizar a função de perda, que mede a diferença entre as predições do modelo e as saídas corretas.

O treinamento inicial de um LLM é tipicamente feito em uma fase chamada "pré-treinamento", onde o modelo é treinado em um corpus de dados generalista e extenso. Nesta fase, o modelo aprende representações linguísticas amplamente aplicáveis, mas ainda não está especializado em nenhuma tarefa específica.

Após o pré-treinamento, entra-se na fase de "fine-tuning", onde o modelo é ajustado para tarefas específicas ou conjuntos de dados menores.

6.1.1 Fine-Tuning: especializando modelos para tarefas específicas.

O "fine-tuning" é uma técnica crucial no treinamento de LLMs, permitindo que modelos generalistas sejam adaptados para tarefas específicas, como tradução de idiomas, análise de sentimentos ou geração de código.

Durante o fine-tuning, o modelo, que já foi treinado em uma grande quantidade de dados, é exposto a um conjunto de dados mais focado, onde os pesos dos neurônios são ajustados para melhorar o desempenho em uma tarefa particular.

Por exemplo, um modelo LLM pré-treinado em um corpus geral pode ser finamente ajustado para entender a terminologia médica usando um conjunto de dados composto por artigos científicos e registros clínicos.

Isso permite que o modelo forneça diagnósticos mais precisos ou sugira tratamentos médicos com base em descrições sintomáticas.

O principal desafio do fine-tuning é evitar o "overfitting", onde o modelo se torna excessivamente adaptado ao conjunto de dados específico, perdendo a capacidade de generalizar para novos dados.

Estratégias como "dropout" e "regularização" são frequentemente empregadas para mitigar esse risco.

6.1.2 Aprendizado contínuo: adaptando modelos em tempo real.

O aprendizado contínuo (ou aprendizado incremental) é uma metodologia emergente que permite que os LLMs sejam atualizados e ajustados continuamente à medida que novos dados se tornam disponíveis.

Ao contrário do treinamento tradicional, que ocorre em sessões discretas e periódicas, o aprendizado contínuo permite que o modelo integre novas informações sem a necessidade de recomeçar o treinamento do zero.

Essa abordagem é particularmente útil em ambientes onde os dados mudam rapidamente, como em sistemas de recomendação ou em análise de mídias sociais.

Por exemplo, um modelo LLM utilizado para análise de tendências pode ser ajustado continuamente para incorporar novos termos e gírias emergentes, garantindo que o modelo permaneça relevante e preciso.

Entretanto, o aprendizado contínuo também apresenta desafios, como o esquecimento catastrófico, onde o modelo perde parte do conhecimento adquirido anteriormente ao aprender novas informações.

Técnicas como regularização elástica e memória de experiência são usadas para preservar o conhecimento anterior enquanto o modelo se adapta a novos dados.

6.1.3 Transferência de aprendizado: reaproveitando conhecimento adquirido.

A transferência de aprendizado é uma técnica poderosa que permite que um modelo pré-treinado em uma tarefa seja reutilizado para outra tarefa relacionada, economizando tempo e recursos computacionais. Isso é particularmente útil quando não há grandes volumes de dados disponíveis para treinar um novo modelo do zero.

Por exemplo, um LLM treinado para entender linguagem jurídica pode ser adaptado para lidar com linguagem de contratos comerciais, reutilizando a maior parte do conhecimento adquirido anteriormente e ajustando apenas os aspectos específicos da nova tarefa.

A transferência de aprendizado é eficaz porque as representações de linguagem aprendidas em uma tarefa geralmente são aplicáveis a outras tarefas que compartilham estruturas semânticas ou sintáticas similares. No entanto, a eficácia da transferência depende da similaridade entre as tarefas; tarefas muito diferentes podem exigir ajustes significativos, o que pode diminuir os benefícios da transferência.

6.1.4 Otimização de desempenho e eficiência energética.

O treinamento de LLMs é notoriamente intensivo em termos de recursos, tanto em termos de tempo quanto de consumo de energia. À medida que os modelos se tornam maiores e mais complexos, a demanda por otimização eficiente se torna crítica.

As técnicas de otimização visam reduzir o tempo de treinamento, o consumo de energia e a necessidade de hardware especializado, sem comprometer o desempenho do modelo.

6.2 Técnicas de otimização de modelos.

Uma das técnicas de otimização mais comuns é o uso de métodos de descentralização, onde o treinamento é distribuído por várias GPUs ou até mesmo por diferentes datacenters. Isso permite que grandes volumes de dados sejam processados simultaneamente, acelerando significativamente o treinamento.

Outra abordagem é o quantization, que envolve a redução da precisão dos cálculos realizados pelo modelo (por exemplo, de 32 bits para 16 bits), o que pode reduzir o uso de memória e energia, além de acelerar a execução do modelo sem sacrificar muito a precisão.

6.3 Eficiência energética no treinamento.

A eficiência energética é uma preocupação crescente, especialmente dado o impacto ambiental do treinamento de grandes modelos. Abordagens como o pruning, onde partes menos importantes do modelo são removidas para reduzir o tamanho e a complexidade, podem ajudar a diminuir a necessidade de energia.

Além disso, o uso de energias renováveis para alimentar datacenters e a implementação de estratégias de resfriamento mais eficientes estão se tornando práticas comuns para mitigar o impacto ambiental do treinamento de LLMs.

6.4 Exemplos práticos e estudos de caso.

Para ilustrar as técnicas discutidas, é útil considerar exemplos práticos e estudos de caso que mostram como essas metodologias foram aplicadas com sucesso.

6.4.1 GPT-3: Fine-Tuning para Aplicações Diversas.

O modelo GPT-3, por exemplo, foi finamente ajustado para uma variedade de aplicações, desde assistentes de escrita até análise de sentimentos em mídias sociais.

O fine-tuning permitiu que GPT-3 se especializasse em diferentes tarefas sem a necessidade de treinar modelos completamente novos para cada aplicação.

6.4.2 BERT: transferência de aprendizado na prática.

Outro exemplo é o modelo BERT, que foi pré-treinado em grandes corpora textuais e depois transferido para uma ampla gama de tarefas de processamento de linguagem natural, como perguntas e respostas, tradução automática e detecção de spam.

A transferência de aprendizado permitiu que BERT fosse rapidamente adaptado a novas tarefas com recursos computacionais relativamente modestos.

6.5 A Evolução das metodologias de treinamento.

À medida que os LLMs continuam a evoluir, as metodologias de treinamento e otimização se tornam cada vez mais sofisticadas e essenciais. A capacidade de adaptar modelos rapidamente, economizar recursos e melhorar a eficiência energética será crucial para garantir que os LLMs possam atender às demandas de um mundo em constante mudança.

O equilíbrio entre desempenho, eficiência e sustentabilidade será o desafio central para os desenvolvedores e pesquisadores nos próximos anos.

7   Comparação entre LLMs e outras tecnologias de IA.

Nos últimos anos, a inteligência artificial (IA) tem experimentado um crescimento exponencial, com diferentes abordagens emergindo para resolver uma ampla variedade de problemas. Entre essas abordagens, os Modelos de Linguagem de Grande Escala (LLMs) têm ganhado destaque por sua capacidade de gerar e compreender linguagem natural em um nível sem precedentes.

No entanto, as LLMs não são a única ferramenta poderosa no arsenal da IA. Outras abordagens, como o aprendizado por reforço (Reinforcement Learning, RL) e as redes neurais convolucionais (Convolutional Neural Networks, CNNs), também desempenham papéis cruciais em diferentes contextos.

Ao compreender as diferenças e sinergias entre essas tecnologias, os profissionais podem tomar decisões mais informadas sobre qual abordagem utilizar em suas aplicações.

7.1   LLMs (Modelos de Linguagem de Grande Escala).

Os Modelos de Linguagem de Grande Escala, como o GPT-3, representam um avanço significativo na compreensão e geração de linguagem natural. Esses modelos são treinados em vastas quantidades de dados textuais e utilizam a arquitetura Transformer, que é altamente eficaz em capturar dependências de longo alcance em texto.

Os LLMs são particularmente poderosos em tarefas que envolvem compreensão de contexto, geração de texto coerente, tradução automática, e conversação natural.

1. Pontos Fortes das LLMs

- Compreensão do contexto: os LLMs são excepcionalmente bons em entender o contexto dentro de um documento ou conversa, o que lhes permite gerar respostas ou textos que são relevantes e coerentes.

- Versatilidade: os LLMs podem ser aplicados em uma variedade de tarefas linguísticas, desde a escrita criativa até a análise de sentimentos.

- Treinamento baseado em texto: como são treinados em grandes corpora de texto, os LLMs podem captar nuances linguísticas e padrões que são difíceis de modelar com outras abordagens.

2. Limitações das LLMs.

- Exigências computacionais: o treinamento de LLMs requer enormes recursos computacionais e grandes quantidades de dados, o que pode ser proibitivo para muitas organizações.

- Falta de interpretação: embora sejam eficazes em gerar resultados, as LLMs muitas vezes funcionam como "caixas pretas", tornando difícil entender como chegaram a uma determinada resposta.

- Viés e dados: os LLMs podem refletir vieses presentes nos dados de treinamento, o que pode levar a respostas inadequadas ou tendenciosas.

7.2 Aprendizado por reforço (Reinforcement Learning).

O aprendizado por reforço (RL) é uma abordagem de IA em que um agente aprende a tomar decisões sequenciais através de interações com um ambiente.

O objetivo do agente é maximizar uma recompensa cumulativa, o que é alcançado através de um processo de tentativa e erro. RL é particularmente eficaz em tarefas onde a tomada de decisão é crucial, como em jogos, robótica e otimização de processos.

1. Pontos Fortes do RL.

- Tomada de decisão sequencial: rl é extremamente eficaz em cenários onde as decisões precisam ser tomadas em uma sequência, com o feedback recebido após cada decisão sendo usado para ajustar as futuras ações.

- Autonomia: agentes de RL podem operar de maneira autônoma em ambientes complexos, aprendendo a melhorar seu desempenho ao longo do tempo sem intervenção humana direta.

- Aplicações em ambientes dinâmicos: RL é bem-sucedido em ambientes que mudam com o tempo, como no controle de robôs ou em mercados financeiros.

2. Limitações do RL.

- Complexidade computacional: o processo de aprendizado por tentativa e erro pode ser extremamente demorado e

67

computacionalmente intensivo, especialmente em ambientes complexos.

- Exploração vs. exploração: encontrar o equilíbrio correto entre explorar novas estratégias e explorar estratégias já conhecidas é um desafio significativo em RL.

- Requer especificação clara da recompensa: definir uma função de recompensa que capture adequadamente os objetivos desejados pode ser difícil e sujeito a erros.

7.3   Redes Neurais Convolucionais (CNNs).

As Redes Neurais Convolucionais (CNNs) são um tipo de rede neural projetada para processar dados estruturados em grades, como imagens. M-

As CNNs são compostas por camadas convolucionais que detectam características locais nos dados, como bordas, texturas e formas, tornando-as extremamente eficazes em tarefas de visão computacional, como reconhecimento de imagens, detecção de objetos e segmentação de imagens.

1. Pontos fortes das CNNs.

- Eficácia em visão computacional: CNNs são a escolha de referência para tarefas relacionadas à visão computacional, devido à sua capacidade de capturar detalhes espaciais em imagens.

- Processamento em paralelo: a arquitetura das CNNs permite o processamento paralelo de grandes volumes de dados, o que acelera significativamente o treinamento e a inferência.

- Transferência de aprendizado: as CNNs podem ser facilmente adaptadas para novas tarefas de visão computacional através de técnicas de transferência de aprendizado, economizando tempo e recursos.

2. Limitações das CNNs.

Foco em dados visuais: as CNNs são especificamente projetadas para dados estruturados como imagens, o que as torna menos eficazes em outros tipos de dados, como texto ou áudio.

- Complexidade arquitetural: a criação de uma CNN eficaz pode exigir experimentação significativa com a arquitetura da rede, como o número de camadas e a escolha de hiperparâmetros.

- Dependência de dados etiquetados: o treinamento de CNNs geralmente requer grandes quantidades de dados etiquetados, o que pode ser um obstáculo em domínios onde a anotação de dados é cara ou demorada.

7.4   Comparando as abordagens: quando usar cada tecnologia.

Embora LLMs, RL e CNNs tenham suas próprias áreas de especialização, a escolha da abordagem certa depende do problema específico a ser resolvido.

7.4.1   LLMs vs. RL.

- Cenários de uso: LLMs são mais adequados para tarefas que envolvem a compreensão e geração de linguagem, enquanto RL é mais apropriado para tarefas que exigem tomada de decisão sequencial em ambientes dinâmicos.

- Combinações possíveis: LLMs podem ser usados para interpretar comandos de linguagem natural em sistemas de RL, permitindo que os agentes de RL entendam melhor as instruções humanas e se adaptem em tempo real.

7.4.2   LLMs vs. CNNs

- Cenários de uso: LLMs são ideais para processamento de texto e linguagem, enquanto CNNs são insuperáveis em tarefas de visão computacional. Se o problema envolve ambos os tipos de dados (por exemplo, reconhecimento de texto em imagens), as duas abordagens podem ser combinadas.

- Combinações possíveis: Em sistemas multimodais, as CNNs podem ser usadas para extrair características visuais de imagens, enquanto as LLMs processam descrições textuais associadas, resultando em modelos mais robustos e versáteis.

7.4.3   RL vs. CNNs

- Cenários de uso: embora RL e CNNs possam ser usados em conjunto (por exemplo, em robótica, onde CNNs processam as entradas visuais e RL controla a tomada de decisões), suas aplicações primárias diferem significativamente. RL é mais útil em tarefas dinâmicas e de longo prazo, enquanto CNNs brilham na análise de dados visuais estáticos.

- Combinações possíveis: em robótica, uma CNN pode ser usada para analisar a imagem de uma cena e fornecer feedback ao agente de RL, que decide a próxima ação com base nessa análise.

7.5 Sinergias e inovações: combinando abordagens para resolver problemas complexos.

A verdadeira força da IA moderna reside na combinação de diferentes abordagens para criar soluções híbridas que superam as limitações de qualquer uma das tecnologias isoladamente.

7.5.1 Aplicações multimodais

- Integração de LLMs e CNNs: em tarefas multimodais, como a geração de legendas para imagens, as CNNs são usadas para entender o conteúdo visual, enquanto as LLMs geram descrições textuais coerentes, resultando em sistemas que podem entender e descrever cenas complexas com precisão.

- Uso de RL com LLMs: em sistemas de diálogo controlados por IA, o RL pode ser usado para otimizar as respostas geradas por LLMs com base no feedback dos usuários, aprimorando a experiência de interação ao longo do tempo.

7.5.2 O Futuro da IA integrada.

À medida que as tecnologias de IA continuam a evoluir, é provável que vejamos uma maior integração de LLMs, RL e CNNs em sistemas unificados que possam lidar com uma gama ainda mais ampla de problemas.

A pesquisa futura pode focar em desenvolver arquiteturas que combinem o melhor de cada abordagem, criando modelos que sejam simultaneamente poderosos, eficientes e adaptáveis.

8   O Futuro das LLMs.

Os Modelos de Linguagem de Grande Escala (LLMs) têm revolucionado o campo da inteligência artificial, tornando-se uma ferramenta essencial em diversas aplicações, desde assistentes virtuais até sistemas de recomendação e análise de dados.

No entanto, apesar dos avanços já alcançados, o potencial das LLMs está longe de ser totalmente explorado. À medida que a tecnologia continua a evoluir, novas tendências e inovações estão surgindo, prometendo moldar o futuro desses modelos e ampliar ainda mais suas capacidades.

8.1   A Evolução das arquiteturas de LLMs,

Uma das áreas mais promissoras para o futuro das LLMs é a evolução de suas arquiteturas. Embora os Transformers tenham sido a base das LLMs modernas, como o GPT-3 e o GPT-4, novos desenvolvimentos estão desafiando os limites dessa arquitetura, buscando aumentar a eficiência, a capacidade de generalização e a escalabilidade.

8.1.1   Arquiteturas híbridas.

Combinação de Múltiplas Abordagens: Uma tendência emergente é a criação de arquiteturas híbridas que combinam elementos de LLMs com outras abordagens de IA, como redes neurais convolucionais (CNNs) e aprendizado por reforço (RL).

Essas arquiteturas podem proporcionar um processamento mais eficiente e robusto, especialmente em tarefas multimodais que envolvem texto, imagem e dados tabulares.

8.1.2   Modelos menores, mais eficientes.

Compactação de Modelos: Enquanto os modelos de linguagem têm crescido exponencialmente em tamanho, há um movimento em direção à criação de LLMs mais compactos e eficientes que ainda mantenham alto desempenho.

Técnicas como pruning, quantization, e distillation estão sendo exploradas para reduzir o tamanho dos modelos e o consumo de recursos sem comprometer a precisão.

8.1.3   Modelos Especializados.

Treinamento para Domínios Específicos: Outra inovação esperada é o desenvolvimento de LLMs especializados para domínios específicos, como medicina, finanças ou direito.

Esses modelos seriam treinados em dados altamente especializados e adaptados para atender às necessidades únicas desses setores, oferecendo uma performance superior em tarefas específicas.

8.2   Expansão dos casos de uso: LLMs em novos domínios.

À medida que as LLMs evoluem, novas oportunidades de aplicação estão surgindo em uma variedade de setores.

8.2.1   Educação personalizada.

Tutoriais Virtuais Inteligentes: As LLMs têm o potencial de transformar a educação, oferecendo tutoriais virtuais personalizados que se adaptam ao estilo de aprendizado de cada aluno.

Esses sistemas podem fornecer feedback em tempo real, identificar áreas de dificuldade e sugerir materiais de estudo adaptados ao progresso individual do aluno.

8.2.2 Medicina e saúde.

Assistência Médica Automatizada: No setor de saúde, as LLMs podem ser utilizadas para criar assistentes médicos que ajudam os profissionais de saúde a diagnosticar doenças, recomendar tratamentos e monitorar pacientes de forma contínua.

Com a capacidade de analisar grandes volumes de dados médicos e fornecer insights baseados em evidências, esses assistentes podem melhorar significativamente os resultados dos pacientes.

8.2.3 Criatividade assistida por IA.

Geração de Conteúdo Criativo: LLMs estão sendo cada vez mais utilizadas em atividades criativas, como a escrita de ficção, composição musical e design gráfico.

No futuro, é provável que vejamos um aumento no uso de LLMs como co-criadores em processos artísticos, onde a IA trabalha em colaboração com humanos para criar novas formas de arte e conteúdo.

8.2.4 Negócios e análise de dados.

Análise de Sentimentos e Previsões de Mercado: Empresas estão começando a explorar o uso de LLMs para analisar sentimentos de mercado, prever tendências e gerar insights a partir de grandes volumes de dados textuais.

No futuro, as LLMs podem se tornar uma ferramenta essencial para a tomada de decisões estratégicas e a inovação nos negócios.

8.3   Inovações tecnológicas e avanços em treinamento.

O treinamento e a otimização das LLMs continuarão a ser áreas de intensa pesquisa e inovação, com o objetivo de melhorar a eficiência e a eficácia desses modelos.

8.3.1   Treinamento em dados sintéticos.

Uso de Dados Gerados Artificialmente: Uma tendência emergente é o uso de dados sintéticos para treinar LLMs, especialmente em áreas onde os dados reais são escassos ou sensíveis.

Esses dados podem ser gerados por outros modelos de IA e usados para enriquecer o treinamento, ajudando a superar limitações de disponibilidade de dados.

8.3.2   Aceleração de treinamento com hardware especializado.

Uso de Processadores Otimizados: O desenvolvimento de hardware especializado, como unidades de processamento de tensor (TPUs) e chips neuromórficos, promete acelerar o treinamento de LLMs e reduzir os custos associados.

Essas inovações permitirão que modelos ainda maiores e mais complexos sejam treinados em menos tempo, com maior eficiência energética.

8.3.3   Algoritmos de aprendizado auto-supervisionado.

edução da Dependência de Dados Etiquetados: O aprendizado auto-supervisionado, onde os modelos aprendem a partir de dados não etiquetados, está ganhando destaque como uma maneira de reduzir a dependência de grandes volumes de dados anotados manualmente.

Essa abordagem pode levar a LLMs mais robustos e generalizáveis, capazes de aprender com menos intervenção humana.

8.4 Considerações éticas e sociais para o futuro das LLMs.

À medida que as LLMs se tornam mais poderosas e amplamente utilizadas, as considerações éticas e sociais associadas ao seu desenvolvimento e implantação se tornam cada vez mais críticas.

- Proteção de informações pessoais: com o aumento da capacidade das LLMs de processar e gerar dados, há uma preocupação crescente com a privacidade e a segurança dos dados utilizados para treinar esses modelos.

  O desenvolvimento de técnicas para proteger informações pessoais, como a criptografia de dados e o aprendizado federado, será essencial para mitigar esses riscos.

- Mitigação de vieses inerentes: as LLMs são suscetíveis a reproduzir vieses presentes nos dados de treinamento, o que pode levar a decisões injustas ou discriminatórias.

  Futuras inovações devem se concentrar na identificação e correção desses vieses, garantindo que as LLMs ajudem a promover equidade e justiça em suas aplicações.

- Automação e substituição de empregos: a automação impulsionada por LLMs pode transformar o mercado de trabalho, potencialmente substituindo empregos em setores como atendimento ao cliente, redação e análise de dados.

Enquanto algumas funções serão automatizadas, novas oportunidades também surgirão, exigindo um foco na requalificação e na adaptação das habilidades da força de trabalho.

8.5   O Papel das LLMs na evolução da inteligência artificial geral (AGI).

Por fim, as LLMs estão sendo cada vez mais vistas como uma das tecnologias fundamentais que podem contribuir para o desenvolvimento da Inteligência Artificial Geral (AGI).

Embora as LLMs ainda estejam longe de alcançar a verdadeira AGI, onde uma máquina teria a capacidade de aprender e executar qualquer tarefa intelectual humana, os avanços nessas áreas estão pavimentando o caminho para essa possibilidade.

- Do Específico ao Generalizado: À medida que as LLMs continuam a evoluir, espera-se que elas desenvolvam capacidades mais generalizadas, permitindo que lidem com uma gama mais ampla de tarefas sem a necessidade de re-treinamento específico para cada novo domínio.

- Combinação de Múltiplos Formatos de Dados: O futuro das LLMs provavelmente envolverá uma integração mais profunda com outras modalidades de dados, como imagens, áudio e até mesmo sensores físicos, criando sistemas que possam entender e interagir com o mundo de maneira mais holística e humana.

9 Conclusão.

Chegamos ao final de uma jornada que explora o imenso potencial dos Modelos de Linguagem de Grande Escala (LLMs), uma das inovações mais impactantes da inteligência artificial contemporânea.

Ao longo deste livro, desvendamos as origens e a evolução dos GPTs, passando por suas múltiplas iterações, até os impressionantes avanços do GPT-4, que hoje desempenham um papel central na transformação da comunicação entre humanos e máquinas.

A compreensão dos LLMs é fundamental para qualquer profissional ou entusiasta da IA que deseje estar na vanguarda dessa tecnologia.

Desde a importância da estruturação adequada de dados e o papel crítico da qualidade e confiabilidade das informações, até a integração humano-computador e as metodologias de treinamento mais recentes, cada capítulo trouxe insights valiosos para maximizar o uso de LLMs nos mais variados setores.

As aplicações práticas, como assistentes virtuais, tutoriais personalizados, diagnósticos médicos assistidos e gestão de dados em segurança pública, ilustraram como os LLMs já estão transformando indústrias.

Ao mesmo tempo, discutimos os desafios éticos e técnicos que acompanham esse crescimento, incluindo questões de segurança, privacidade e viés, que devem ser cuidadosamente geridos para garantir o uso responsável dessas tecnologias.

Finalmente, este livro projetou o futuro dos LLMs, abordando o desenvolvimento de modelos menores e mais eficientes, a expansão de novos casos de uso e as inovações tecnológicas que moldarão os próximos anos.

Também destacamos as implicações éticas e sociais que surgem à medida que a IA evolui para se tornar uma parte ainda mais central das nossas vidas, aproximando-se de uma Inteligência Artificial Geral (AGI).

Com este conhecimento, você está agora melhor preparado para explorar as inúmeras oportunidades que os LLMs oferecem, não apenas como uma ferramenta tecnológica, mas como um componente essencial da transformação digital global.

Que este livro seja um ponto de partida para suas futuras descobertas e inovações no vasto e dinâmico campo da inteligência artificial.

Este livro é uma obra integrante da Coleção Inteligência Artificial do Prof. Marcão, uma série dedicada a explorar as complexidades e implicações da IA na sociedade contemporânea.

Disponível na Amazon, a coleção oferece uma abordagem profunda e crítica sobre o papel dos dados, da informação e do conhecimento na era da inteligência artificial, servindo como um recurso indispensável para profissionais, acadêmicos e entusiastas da área.

10 Glossário.

1. **Aprendizado Não Supervisionado.** Uma categoria de aprendizado de máquina em que o algoritmo é treinado em dados não rotulados, buscando identificar padrões e estruturas subjacentes. O aprendizado não supervisionado é usado em tarefas como clustering e redução de dimensionalidade.

2. **Aprendizado por Reforço.** Uma categoria de aprendizado de máquina em que um agente aprende a tomar ações em um ambiente para maximizar uma recompensa específica. O aprendizado por reforço é usado em jogos, robótica e sistemas de recomendação.

3. **Aprendizado por Transferência.** Uma técnica de aprendizado de máquina em que o conhecimento adquirido em uma tarefa é transferido para outra tarefa relacionada. Isso pode acelerar o treinamento de modelos em novos conjuntos de dados e contextos.

4. **Árvores de Decisão.** Um algoritmo de machine learning que utiliza uma representação em forma de árvore para tomar decisões com base em regras condicionais. As árvores de decisão são frequentemente empregadas em tarefas de classificação e regressão por sua interpretabilidade e facilidade de uso.

5. **Autoencoder.** Um tipo de arquitetura de rede neural que é treinada para reconstruir a entrada original a partir de uma representação reduzida, conhecida como codificação. Os

autoencoders são úteis para aprendizado não supervisionado e compressão de dados.

6. Batch Normalization. Uma técnica de regularização em redes neurais que normaliza as ativações de cada camada para mantê-las em uma escala uniforme durante o treinamento. Isso ajuda a acelerar a convergência do modelo e reduzir o problema de vanishin/exploding gradients.

7. BERT (Bidirectional Encoder Representations from Transformers). Um modelo de linguagem pré-treinado desenvolvido pelo Google que utiliza a arquitetura de transformador para entender o contexto das palavras em uma frase e fornecer representações bidirecionais mais precisas.

8. Boosting. Uma técnica de ensemble learning que combina vários modelos fracos em um modelo forte, treinando-se sequencialmente em que os modelos posteriores corrigem os erros cometidos pelos modelos anteriores. O Boosting é eficaz em melhorar o desempenho de modelos de aprendizado de máquina.

9. Bootstrap Aggregating (Bagging). Uma técnica de ensemble learning em que múltiplos modelos são treinados em conjuntos de dados de treinamento amostrados com substituição. Os modelos individuais são combinados para reduzir a variância e melhorar a generalização do modelo final.

10. Classificação. Uma técnica de machine learning utilizada para prever a classe ou categoria de um dado de entrada. Os algoritmos de classificação são comumente usados em tarefas

como identificação de spam, reconhecimento de imagem e diagnóstico médico.

11. Clusterização Hierárquica. Um método de agrupamento de dados em que os clusters são organizados em uma estrutura hierárquica de árvore. Esse método pode ser aglomerativo, onde os clusters são combinados, ou divisivo, onde os dados são divididos em subgrupos repetidamente.

12. Clusters. Grupos de dados que possuem características semelhantes entre si e distintas de outros grupos. Algoritmos de clustering são usados para agrupar dados não rotulados com base em suas características.

13. Computação Quântica. Um campo emergente da computação que utiliza princípios da mecânica quântica para processar informações de forma mais eficiente do que os computadores tradicionais. A computação quântica tem o potencial de acelerar significativamente o treinamento de modelos de inteligência artificial.

14. Data Augmentation. Uma técnica comum em aprendizado de máquina para aumentar a quantidade de dados de treinamento por meio de pequenas modificações nos dados existentes. Aumentar os dados de treinamento por meio de rotações, ampliações, cortes ou distorções ajuda a melhorar o desempenho e a generalização dos modelos.

15. Deep Learning. Uma subárea de machine learning que utiliza redes neurais profundas para aprender padrões complexos em conjunto de dados. Essas redes são compostas por múltiplas camadas de neurônios artificiais e têm sido fundamentais para

avanços em reconhecimento de imagem, processamento de linguagem natural, entre outros.

16. Descida do Gradiente Estocástico (SGD). Uma variação do algoritmo de gradient descent em que os parâmetros do modelo são atualizados com base em um subconjunto aleatório dos dados de treinamento, em vez de usar o conjunto completo de dados a cada iteração. O SGD é eficiente para otimizar grandes conjuntos de dados.

17. Dropout. Uma técnica de regularização comumente usada em redes neurais para prevenir overfitting. Durante o treinamento, unidades aleatórias da rede são desligadas temporariamente, forçando o modelo a ser mais robusto e generalizar melhor.

18. Feature Engineering. O processo de criar novas características ou transformar as existentes em um conjunto de dados antes de alimentá-los em um modelo de machine learning. Uma engenharia de características eficaz pode melhorar significativamente o desempenho do modelo.

19. Fine-Tuning. Um processo comum em transfer learning, onde um modelo pré-treinado é ajustado para uma tarefa específica, refinando os pesos e parâmetros do modelo para se adequar aos novos dados.

20. GPT-3 (Generative Pre-trained Transformer 3). Um modelo de linguagem de grande escala desenvolvido pela OpenAI que possui 175 bilhões de parâmetros e é capaz de realizar uma variedade de tarefas linguísticas, como tradução, geração de texto e respostas de perguntas.

21. Gradient Descent. Um algoritmo de otimização fundamental no treinamento de modelos de machine learning que ajusta gradativamente os parâmetros do modelo para minimizar a função de custo. O Gradient Descent é crucial para encontrar os valores ideais dos parâmetros do modelo.

22. Inteligência Artificial Fraca. Também conhecida como inteligência artificial estreita, refere-se a sistemas de IA projetados para realizar tarefas específicas limitadas, em oposição à inteligência geral e ampla das máquinas. Exemplos incluem reconhecimento de fala, recomendação de produtos e classificação de imagens.

23. Inteligência Artificial. A área da ciência da computação que se concentra no desenvolvimento de sistemas e máquinas capazes de executar tarefas que normalmente exigiriam inteligência humana. Isso inclui aprendizado de máquina, processamento de linguagem natural, visão computacional, entre outros.

24. K-means. Um algoritmo popular de clusterização em machine learning que agrupa os dados em k clusters, onde k é um número pré-definido. O K-means é um método simples e eficiente para clusterizar dados não rotulados.

25. Linguagem Natural. Uma área de pesquisa que se concentra na interação entre humanos e computadores através de linguagem humana. As aplicações de processamento de linguagem natural (NLP) permitem que os computadores compreendam, interpretem e gerem linguagem humana de maneira eficaz.

26. Machine Learning. Um subset da inteligência artificial que se concentra no desenvolvimento de algoritmos e modelos que permitem que os sistemas aprendam e melhorem a partir de dados sem serem explicitamente programados. Existem diferentes técnicas de aprendizado, como aprendizado supervisionado, não supervisionado e por reforço.

27. Matriz de Confusão. Uma tabela que mostra o desempenho de um modelo de classificação comparando as classes reais e as classes previstas. A matriz de confusão é útil para calcular métricas como precisão, recall, F1-score e para identificar possíveis desequilíbrios de classe.

28. Método de Monte Carlo. Uma técnica computacional baseada em amostragem estocástica que é frequentemente usada para estimar valores complexos e calcular integrais probabilísticas. O método de Monte Carlo é amplamente aplicado em problemas de otimização e simulação.

29. Métricas de Avaliação. Indicadores quantitativos utilizados para medir o desempenho e a precisão de modelos de machine learning. Exemplos de métricas comuns incluem precisão, recall, F1-score, área sob a curva ROC, entre outros.

30. Métricas de Similaridade. Medidas quantitativas usadas para avaliar a semelhança ou dissimilaridade entre objetos, como palavras, documentos ou pontos de dados. Exemplos de métricas de similaridade incluem a distância euclidiana, correlação de Pearson, similaridade de cosseno, entre outras.

31. Modelos de Linguagem de Grande Escala (LLMS). São modelos de linguagem avançados que utilizam grandes quantidades de

dados para treinamento e são capazes de gerar texto de forma mais precisa e natural. Esses modelos são desenvolvidos com a ajuda de deep learning e transformadores, como BERT, GPT-3, T5, entre outros.

32. One-Hot Encoding. Uma técnica de pré-processamento de dados frequentemente utilizada em machine learning para representar variáveis categóricas como vetores binários. Cada categoria recebe uma representação numérica única (e.g., 0 ou 1), facilitando o uso em algoritmos de aprendizado de máquina.

33. Overfitting. Uma situação em que um modelo de machine learning se ajusta excessivamente aos dados de treinamento, perdendo a capacidade de generalização para novos dados. O overfitting pode levar a uma baixa performance em dados de teste.

34. Perplexidade. Uma métrica de avaliação da qualidade de um modelo de linguagem, que mede o quão surpreso o modelo está com novos dados. Quanto menor a perplexidade, melhor é a capacidade do modelo em prever a próxima palavra correta em um texto.

35. Pré-processamento de Dados. Um processo fundamental em aprendizado de máquina que envolve limpeza, transformação e formatação dos dados brutos antes de alimentar o modelo. O pré-processamento inclui etapas como preenchimento de valores ausentes, codificação de variáveis categóricas e normalização de dados.

36. Processamento de Linguagem Natural (PLN). Uma subárea da inteligência artificial que se concentra na interação entre computadores e linguagem humana. O PLN engloba tarefas como tradução automática, análise de sentimento, sumarização de texto e geração de texto.

37. PyTorch. Uma biblioteca de aprendizado de máquina de código aberto desenvolvida pelo Facebook, conhecida por sua flexibilidade e facilidade de uso na construção de modelos de deep learning. PyTorch é amplamente adotado pela comunidade de pesquisa em inteligência artificial.

38. Reconhecimento de Entidades Nomeadas (NER). Uma tarefa de processamento de linguagem natural que envolve identificar e classificar entidades em um texto, como nomes de pessoas, locais e organizações. O reconhecimento de entidades nomeadas é útil em aplicações de extração de informações e análise de texto.

39. Rede Neural Generativa Adversarial (GAN). Um tipo de arquitetura de rede neural composta por duas redes adversárias, geradora e discriminadora, que competem entre si. As GANs são frequentemente usadas para gerar dados sintéticos realistas, como imagens e textos.

40. Redes Neurais Convolucionais (CNN). Um tipo de arquitetura de rede neural frequentemente usada em tarefas de visão computacional, como reconhecimento de imagem e detecção de objetos. As CNNs são capazes de capturar padrões locais nas imagens por meio de convoluções.

41. Redes Neurais Profundas (DNN). Um tipo de arquitetura de rede neural composta por múltiplas camadas, permitindo a captura de representações complexas dos dados. As DNNs são amplamente utilizadas em tarefas de classificação, regressão, processamento de linguagem natural e visão computacional.

42. Redes Neurais Recorrentes (RNN). Um tipo de arquitetura de rede neural projetada para lidar com dados sequenciais, como texto, áudio e séries temporais. As RNNs possuem loops que permitem que informações anteriores sejam armazenadas e utilizadas para prever a próxima saída.

43. Reforçamento de Transferência. Uma abordagem de aprendizado de máquina que combina aprendizado por reforço com transferência de conhecimento de uma tarefa para outra relacionada. Isso visa acelerar o treinamento e melhorar o desempenho do modelo em novos cenários.

44. Regressão Linear. Um modelo de machine learning que estabelece uma relação linear entre uma variável de entrada e uma variável de saída. A regressão linear é um dos modelos mais simples e amplamente utilizados em análise estatística e machine learning.

45. Regressão Logística. Um modelo de regressão que é usado para prever a probabilidade de um evento ocorrer com base em variáveis de entrada. A regressão logística é comumente utilizada em problemas de classificação binária.

46. Regressão. Uma técnica de machine learning utilizada para prever um valor numérico com base em variáveis de entrada.

A regressão pode ser linear, polinomial, logística, entre outras, dependendo do tipo de relação a ser modelada.

47. Regularização Elastic Net. Uma técnica de regularização que combina os termos de regularização L1 (LASSO) e L2 (Ridge) para penalizar os coeficientes do modelo. A regularização Elastic Net é útil para lidar com multicolinearidade e para seleção automática de características.

48. Regularização L1 e L2. Técnicas de regularização usadas para evitar overfitting em modelos de machine learning. A regularização L1 adiciona uma penalidade com base na magnitude dos coeficientes, enquanto a regularização L2 adiciona uma penalidade com base nos quadrados dos coeficientes.

49. Regularização. Um conjunto de técnicas utilizadas para evitar overfitting em modelos de machine learning, introduzindo penalidades nos parâmetros do modelo durante o treinamento. A regularização ajuda a controlar a complexidade do modelo.

50. Tensor. Uma estrutura de dados fundamental em bibliotecas de deep learning, como TensorFlow e PyTorch, que representa arrays multidimensionais. Tensores são utilizados para armazenar e manipular dados durante o treinamento de modelos de machine learning.

51. TensorFlow. Uma biblioteca de código aberto de aprendizado de máquina, desenvolvida pelo Google, utilizada para construir e treinar modelos de machine learning. TensorFlow é

amplamente utilizado em pesquisa e produção devido à sua flexibilidade e escalabilidade.

52. Tokenização. Um processo de dividir um texto em unidades menores, conhecidas como tokens, como palavras, caracteres ou subpalavras. A tokenização é uma etapa fundamental no processamento de linguagem natural e no treinamento de modelos de linguagem.

53. Transfer Learning. Uma abordagem em machine learning e inteligência artificial que envolve transferir conhecimento de um modelo pré-treinado para uma tarefa específica relacionada. Isso permite acelerar o treinamento de novos modelos, economizando tempo e recursos computacionais.

54. Underfitting. Uma situação em que um modelo de machine learning é muito simples para capturar a complexidade dos dados de treinamento, resultando em baixa performance tanto nos dados de treinamento quanto nos dados de teste.

55. Validação Cruzada. Uma técnica de avaliação de modelos de machine learning que divide o conjunto de dados em subconjuntos de treinamento e teste de forma iterativa. A validação cruzada é empregada para avaliar a capacidade de generalização do modelo e evitar o overfitting.

11 Referências bibliográficas.

BROWN, T. B., MANN, B., RYDER, N., SUBBIAH, M., KAPLAN, J., DHARIWAL, P., ... & Amodei, D. (2020). Language Models are Few-Shot Learners. Advances in Neural Information Processing Systems, 33, 1877-1901.CHEN, M., WEI, Z., HUANG, Z., DING, B., & LI, Y. (2020) Simple and deep graph convolutional networks. In ICML.

BROWN, T.B., et al. (2020). Language Models are Few-Shot Learners. arXiv preprint arXiv:2005.14165.

CHOWDHERY, A., NARANG, S., DEVLIN, J., BOSMA, M., MISHRA, G., ROBERTS, A., BARHAM, P., CHUNG, H. W., SUTTON, C., GEHRMANN, S., SCHUH, P., SHI, Y., TAY, Y., FEDUS, W., ZOPH, B., SHAZEER, N., & VASWANI, A. (2022). PaLM. Scaling Language Modeling with Pathways. ArXiv Preprint ArXiv.2204.02311.

COHEN, J.E. (2012). Configuring the Networked Self. Law, Code, and the Play of Everyday Practice. Yale University Press.

DeepMind Technologies Limited. (2016). Mastering the game of Go with deep neural networks and tree search. Nature.

DEVLIN, J., CHANG, M. W., LEE, K., & TOUTANOVA, K. (2019). BERT. Pre-training of Deep Bidirectional Transformers for Language Understanding. Proceedings of the 2019 Conference of the North American Chapter of the Association for Computational Linguistics. Human Language Technologies.

DOSHI-VELEZ, F., & KIM, B. (2017). Towards A Rigorous Science of Interpretable Machine Learning. arXiv preprint arXiv.1702.08608. Disponível em https.//arxiv.org/abs/1702.08608.

FORSYTH, Ponce. (2011). Computer Vision. A Modern Approach (2rd ed.). Pearson India.

FU, Y., PENG, H., SABHARWAL, A., CLARK, P., & KHOT, T. (2022). Complexity-based prompting for multi-step reasoning. arXiv preprint arXiv.2210.00720.

GOERTZEL, B. (2014). Artificial general intelligence. concept, state of the art, and future prospects. Journal of Artificial General Intelligence, 5(1), 1.

GOODFELLOW, I., BENGIO, Y., & COURVILLE, A. (2016). Deep Learning (Adaptive Computation and Machine Learning series). MIT press.

GUO, B., Zhang, X., WANG, Z., Jiang, M., NIE, J., DING, Y., YUE, J., & Wu, Y. (2023). How close is ChatGPT to human experts? Comparison corpus, evaluation, and detection. ar Xiv preprint arXiv.2301.07597.

JORDAN, M. I., & MITCHELL, T. M. (2015). Machine learning. Trends, perspectives, and prospects. Science, 349(6245), 255-260.

KURZWEIL, R. (2012). How to Create a Mind. The Secret of Human Thought Revealed. Gerald Duckworth & Co Ltd.

LECUN, Y., BENGIO, Y., & HINTON, G. (2015). Deep learning. Nature, 521(7553), 436-444.

LEE, A. (2019). The Role of Data Structuring in Machine Learning. Journal of Artificial Intelligence, 20(3), 45-58.

LISSKA, Anthony J. The Ethical Artifical Intelligence Classroom. New York: Oxford University Press, 2019.

MITCHELL, Margaret. Ethical AI in Education: Challenges and Opportunities. San Francisco: Google Press, 2020.

MURPHY, K. P. (2012). Machine learning. a probabilistic perspective. MIT press.

MURPHY, R. R. (2019). Introduction to AI Robotics (2nd ed.). MIT Press.

National Academy of Engineering. (2004). Emerging Technologies and Ethical Issues in Engineering. Papers from a Workshop, October 14-15, 2003. Washington, DC. The National Academies Press.

NORVIG, Peter. Inteligência Artificial: Estruturas e Estratégias para a Solução de Problemas Complexos de Computação. São Paulo: Pearson, 2017.

OPENAI. (2020). GPT-3: Language Models are Few-Shot Learners. arXiv preprint arXiv:2005.14165.

PASQUALE, F. (2015). The Black Box Society. The Secret Algorithms That Control Money and Information. Harvard University Press.

POPPENDIECK, M., & CUSUMANO, M. A. (2012). Lean Software Development. Building and Managing Agile Teams. Boston, MA. Addison-Wesley.

Protection Regulations. Compliance Journal, 15(1), 35-40.

PROVOST, F., & FAWCETT, T. (2013). Data Science for Business. What You Need to Know About Data Mining and Data-Analytic Thinking. Sebastopol, CA. O'Reilly Media.

RADFORD, A., NARASIMHAN, K., SALIMANS, T., & SUTSKEVER, I. (2018). Improving Language Understanding with Unsupervised Learning. Technical report, OpenAI.

REDMAN, T.C. & SOARES, D. D. (2021). Application of AI in Data Governance. AI Magazine, 37(4), 78-85.

RUSSELL, S., & NORVIG, P. (2010). Artificial Intelligence: A Modern Approach. Prentice Hall.

RUSSELL, S., & NORVIG, P. (2010). Artificial Intelligence: A Modern Approach.

S.A. CAMBO and D. GERGLE, User-Centred Evaluation for Machine Learning, in. Human and Machine

SHALEV-SHWARTZ, S., & BEN-DAVID, S. (2014). Understanding Machine Learning. From Theory to Algorithms. Cambridge University Press.

SUTTON, R. S., & BARTO, A. G. (2018). Reinforcement learning. An introduction. Bradford Books

SUTTON, R. S., & BARTO, A. G. (2018). Reinforcement learning. An introduction. MIT press.

WONG, M. (2020). Data Normalization and Quality Assurance in Artificial Intelligence. International Conference on Data Engineering.

ZELLERS, R., HOLTZMAN, A., RASHKIN, H., Bisk, Y., FARHADI, A., ROESNER, F., & CHOI, Y. (2019). Defending against neural fake news. arXiv preprint arXiv.1905.12616.

ZHENG, R. and GREENBERG, K. (2018). Effective Design in Human and Machine Learning. A Cognitive Perspective, in. Human and Machine Learning, Springer, pp. 55–74.

12 Descubra a Coleção Completa "Inteligência Artificial e o Poder dos Dados" – Um Convite para Transformar sua Carreira e Conhecimento.

A Coleção "Inteligência Artificial e o Poder dos Dados" foi criada para quem deseja não apenas entender a Inteligência Artificial (IA), mas também aplicá-la de forma estratégica e prática.

Em uma série de volumes cuidadosamente elaborados, desvendo conceitos complexos de maneira clara e acessível, garantindo ao leitor uma compreensão completa da IA e de seu impacto nas sociedades modernas.

Não importa seu nível de familiaridade com o tema: esta coleção transforma o difícil em didático, o teórico em aplicável e o técnico em algo poderoso para sua carreira.

12.1 Por Que Comprar Esta Coleção?

Estamos vivendo uma revolução tecnológica sem precedentes, onde a IA é a força motriz em áreas como medicina, finanças, educação, governo e entretenimento.

A coleção "Inteligência Artificial e o Poder dos Dados" mergulha profundamente em todos esses setores, com exemplos práticos e reflexões que vão muito além dos conceitos tradicionais.

Você encontrará tanto o conhecimento técnico quanto as implicações éticas e sociais da IA incentivando você a ver essa tecnologia não apenas como uma ferramenta, mas como um verdadeiro agente de transformação.

Cada volume é uma peça fundamental deste quebra-cabeça inovador: do aprendizado de máquina à governança de dados e da ética à aplicação prática.

Com a orientação de um autor experiente, que combina pesquisa acadêmica com anos de atuação prática, esta coleção é mais do que um conjunto de livros – é um guia indispensável para quem quer navegar e se destacar nesse campo em expansão.

12.2   Público-Alvo desta Coleção?

Esta coleção é para todos que desejam ter um papel de destaque na era da IA:

- ✓ Profissionais da Tecnologia: recebem insights técnicos profundos para expandir suas habilidades.

- ✓ Estudantes e Curiosos: têm acesso a explicações claras que facilitam o entendimento do complexo universo da IA.

- ✓ Gestores, líderes empresariais e formuladores de políticas também se beneficiarão da visão estratégica sobre a IA, essencial para a tomada de decisões bem-informadas.

- ✓ Profissionais em Transição de Carreira: Profissionais em transição de carreira ou interessados em se especializar em IA encontram aqui um material completo para construir sua trajetória de aprendizado.

12.3   Muito Mais do Que Técnica – Uma Transformação Completa.

Esta coleção não é apenas uma série de livros técnicos; é uma ferramenta de crescimento intelectual e profissional.

Com ela, você vai muito além da teoria: cada volume convida a uma reflexão profunda sobre o futuro da humanidade em um mundo onde máquinas e algoritmos estão cada vez mais presentes.

Este é o seu convite para dominar o conhecimento que vai definir o futuro e se tornar parte da transformação que a Inteligência Artificial traz ao mundo.

Seja um líder em seu setor, domine as habilidades que o mercado exige e prepare-se para o futuro com a coleção "Inteligência Artificial e o Poder dos Dados".

Esta não é apenas uma compra; é um investimento decisivo na sua jornada de aprendizado e desenvolvimento profissional.

Prof. Marcão - Marcus Vinícius Pinto

Mestre em Tecnologia da Informação.

Especialista em Inteligência Artificial, Governança de Dados e Arquitetura de Informação.

13 Os Livros da Coleção.

13.1 Dados, Informação e Conhecimento na era da Inteligência Artificial.

Este livro explora de forma essencial as bases teóricas e práticas da Inteligência Artificial, desde a coleta de dados até sua transformação em inteligência. Ele foca, principalmente, no aprendizado de máquina, no treinamento de IA e nas redes neurais.

13.2 Dos Dados em Ouro: Como Transformar Informação em Sabedoria na Era da IA.

Este livro oferece uma análise crítica sobre a evolução da Inteligência Artificial, desde os dados brutos até a criação de sabedoria artificial, integrando redes neurais, aprendizado profundo e modelagem de conhecimento.

Apresenta exemplos práticos em saúde, finanças e educação, e aborda desafios éticos e técnicos.

13.3 Desafios e Limitações dos Dados na IA.

O livro oferece uma análise profunda sobre o papel dos dados no desenvolvimento da IA explorando temas como qualidade, viés, privacidade, segurança e escalabilidade com estudos de caso práticos em saúde, finanças e segurança pública.

13.4 Dados Históricos em Bases de Dados para IA: Estruturas, Preservação e Expurgo.

Este livro investiga como a gestão de dados históricos é essencial para o sucesso de projetos de IA.

Aborda a relevância das normas ISO para garantir qualidade e segurança, além de analisar tendências e inovações no tratamento de dados.

13.5 Vocabulário Controlado para Dicionário de Dados: Um Guia Completo.

Este guia completo explora as vantagens e desafios da implementação de vocabulários controlados no contexto da IA e da ciência da informação. Com uma abordagem detalhada, aborda desde a nomeação de elementos de dados até as interações entre semântica e cognição.

13.6 Curadoria e Administração de Dados para a Era da IA.

Esta obra apresenta estratégias avançadas para transformar dados brutos em insights valiosos, com foco na curadoria meticulosa e administração eficiente dos dados. Além de soluções técnicas, aborda questões éticas e legais, capacitando o leitor a enfrentar os desafios complexos da informação.

13.7 Arquitetura de Informação.

A obra aborda a gestão de dados na era digital, combinando teoria e prática para criar sistemas de IA eficientes e escaláveis, com insights sobre modelagem e desafios éticos e legais.

13.8 Fundamentos: O Essencial para Dominar a Inteligência Artificial.

Uma obra essencial para quem deseja dominar os conceitos-chave da IA, com uma abordagem acessível e exemplos práticos. O livro explora inovações como Machine Learning e Processamento de Linguagem Natural, além dos desafios éticos e legais e oferece uma visão clara do impacto da IA em diversos setores.

13.9   LLMS - Modelos de Linguagem de Grande Escala.

Este guia essencial ajuda a compreender a revolução dos Modelos de Linguagem de Grande Escala (LLMs) na IA.

O livro explora a evolução dos GPTs e as últimas inovações em interação humano-computador, oferecendo insights práticos sobre seu impacto em setores como saúde, educação e finanças.

13.10   Machine Learning: Fundamentos e Avanços.

Este livro oferece uma visão abrangente sobre algoritmos supervisionados e não supervisionados, redes neurais profundas e aprendizado federado. Além de abordar questões de ética e explicabilidade dos modelos.

13.11   Por Dentro das Mentes Sintéticas.

Este livro revela como essas 'mentes sintéticas' estão redefinindo a criatividade, o trabalho e as interações humanas. Esta obra apresenta uma análise detalhada dos desafios e oportunidades proporcionados por essas tecnologias, explorando seu impacto profundo na sociedade.

13.12   A Questão dos Direitos Autorais.

Este livro convida o leitor a explorar o futuro da criatividade em um mundo onde a colaboração entre humanos e máquinas é uma realidade, abordando questões sobre autoria, originalidade e propriedade intelectual na era das IAs generativas.

13.13 1121 Perguntas e Respostas: Do Básico ao Complexo– Parte 1 A 4.

Organizadas em quatro volumes, estas perguntas servem como guias práticos essenciais para dominar os principais conceitos da IA.

A Parte 1 aborda informação, dados, geoprocessamento, a evolução da inteligência artificial, seus marcos históricos e conceitos básicos.

A Parte 2 aprofunda-se em conceitos complexos como aprendizado de máquina, processamento de linguagem natural, visão computacional, robótica e algoritmos de decisão.

A Parte 3 aborda questões como privacidade de dados, automação do trabalho e o impacto de modelos de linguagem de grande escala (LLMs).

Parte 4 explora o papel central dos dados na era da inteligência artificial, aprofundando os fundamentos da IA e suas aplicações em áreas como saúde mental, governo e combate à corrupção.

13.14 O Glossário Definitivo da Inteligência Artificial.

Este glossário apresenta mais de mil conceitos de inteligência artificial explicados de forma clara, abordando temas como Machine Learning, Processamento de Linguagem Natural, Visão Computacional e Ética em IA.

- A parte 1 contempla conceitos iniciados pelas letras de A a D.
- A parte 2 contempla conceitos iniciados pelas letras de E a M.
- A parte 3 contempla conceitos iniciados pelas letras de N a Z.

13.15 Engenharia de Prompt - Volumes 1 a 6.

Esta coleção abrange todos os fundamentos da engenharia de prompt, proporcionando uma base completa para o desenvolvimento profissional.

Com uma rica variedade de prompts para áreas como liderança, marketing digital e tecnologia da informação, oferece exemplos práticos para melhorar a clareza, a tomada de decisões e obter insights valiosos.

Os volumes abordam os seguintes assuntos:

- Volume 1: Fundamentos. Conceitos Estruturadores e História da Engenharia de Prompt.
- Volume 2: Ferramentas e Tecnologias, Gerenciamento de Estado e Contexto e Ética e Segurança.
- Volume 3: Modelos de Linguagem, Tokenização e Métodos de Treinamento.
- Volume 4: Como Fazer Perguntas Corretas.
- Volume 5: Estudos de Casos e Erros.
- Volume 6: Os Melhores Prompts.

13.16 Guia para ser um Engenheiro De Prompt – Volumes 1 e 2.

A coleção explora os fundamentos avançados e as habilidades necessárias para ser um engenheiro de prompt bem-sucedido, destacando os benefícios, riscos e o papel crítico que essa função desempenha no desenvolvimento da inteligência artificial.

O Volume 1 aborda a elaboração de prompts eficazes, enquanto o Volume 2 é um guia para compreender e aplicar os fundamentos da Engenharia de Prompt.

13.17 Governança de Dados com IA – Volumes 1 a 3.

Descubra como implementar uma governança de dados eficaz com esta coleção abrangente. Oferecendo orientações práticas, esta coleção abrange desde a arquitetura e organização de dados até a proteção e garantia de qualidade, proporcionando uma visão completa para transformar dados em ativos estratégicos.

O volume 1 aborda as práticas e regulações. O volume 2 explora em profundidade os processos, técnicas e melhores práticas para realizar auditorias eficazes em modelos de dados. O volume 3 é seu guia definitivo para implantação da governança de dados com IA.

13.18 Governança de Algoritmos.

Este livro analisa o impacto dos algoritmos na sociedade, explorando seus fundamentos e abordando questões éticas e regulatórias. Aborda transparência, accountability e vieses, com soluções práticas para auditar e monitorar algoritmos em setores como finanças, saúde e educação.

13.19 De Profissional de Ti para Expert em IA: O Guia Definitivo para uma Transição de Carreira Bem-Sucedida.

Para profissionais de Tecnologia da Informação, a transição para a IA representa uma oportunidade única de aprimorar habilidades e contribuir para o desenvolvimento de soluções inovadoras que moldam o futuro.

Neste livro, investigamos os motivos para fazer essa transição, as habilidades essenciais, a melhor trilha de aprendizado e as perspectivas para o futuro do mercado de trabalho em TI.

13.20 Liderança Inteligente com IA: Transforme sua Equipe e Impulsione Resultados.

Este livro revela como a inteligência artificial pode revolucionar a gestão de equipes e maximizar o desempenho organizacional.

Combinando técnicas de liderança tradicionais com insights proporcionados pela IA, como a liderança baseada em análise preditiva, você aprenderá a otimizar processos, tomar decisões mais estratégicas e criar equipes mais eficientes e engajadas.

13.21 Impactos e Transformações: Coleção Completa.

Esta coleção oferece uma análise abrangente e multifacetada das transformações provocadas pela Inteligência Artificial na sociedade contemporânea.

- Volume 1: Desafios e Soluções na Detecção de Textos Gerados por Inteligência Artificial.
- Volume 2: A Era das Bolhas de Filtro. Inteligência Artificial e a Ilusão de Liberdade.
- Volume 3: Criação de Conteúdo com IA - Como Fazer?
- Volume 4: A Singularidade Está Mais Próxima do que Você Imagina.
- Volume 5: Burrice Humana versus Inteligência Artificial.
- Volume 6: A Era da Burrice! Um Culto à Estupidez?
- Volume 7: Autonomia em Movimento: A Revolução dos Veículos Inteligentes.
- Volume 8: Poiesis e Criatividade com IA.
- Volume 9: Dupla perfeita: IA + automação.
- Volume 10: Quem detém o poder dos dados?

13.22 Big Data com IA: Coleção Completa.

A coleção aborda desde os fundamentos tecnológicos e a arquitetura de Big Data até a administração e o glossário de termos técnicos essenciais.

A coleção também discute o futuro da relação da humanidade com o enorme volume de dados gerados nas bases de dados de treinamento em estruturação de Big Data.

- Volume 1: Fundamentos.
- Volume 2: Arquitetura.
- Volume 3: Implementação.
- Volume 4: Administração.
- Volume 5: Temas Essenciais e Definições.
- Volume 6: Data Warehouse, Big Data e IA.

14 Sobre o Autor.

Sou Marcus Pinto, mais conhecido como Prof. Marcão, especialista em tecnologia da informação, arquitetura da informação e inteligência artificial.

Com mais de quatro décadas de atuação e pesquisa dedicadas, construí uma trajetória sólida e reconhecida, sempre focada em tornar o conhecimento técnico acessível e aplicável a todos os que buscam entender e se destacar nesse campo transformador.

Minha experiência abrange consultoria estratégica, educação e autoria, além de uma atuação extensa como analista de arquitetura de informação.

Essa vivência me capacita a oferecer soluções inovadoras e adaptadas às necessidades em constante evolução do mercado tecnológico, antecipando tendências e criando pontes entre o saber técnico e o impacto prático.

Ao longo dos anos, desenvolvi uma expertise abrangente e aprofundada em dados, inteligência artificial e governança da informação – áreas que se tornaram essenciais para a construção de sistemas robustos e seguros, capazes de lidar com o vasto volume de dados que molda o mundo atual.

Minha coleção de livros, disponível na Amazon, reflete essa expertise, abordando temas como Governança de Dados, Big Data e Inteligência Artificial com um enfoque claro em aplicações práticas e visão estratégica.

Autor de mais de 150 livros, investigo o impacto da inteligência artificial em múltiplas esferas, explorando desde suas bases técnicas até as questões éticas que se tornam cada vez mais urgentes com a adoção dessa tecnologia em larga escala.

Em minhas palestras e mentorias, compartilho não apenas o valor da IA, mas também os desafios e responsabilidades que acompanham sua implementação – elementos que considero essenciais para uma adoção ética e consciente.

Acredito que a evolução tecnológica é um caminho inevitável. Meus livros são uma proposta de guia nesse trajeto, oferecendo insights profundos e acessíveis para quem deseja não apenas entender, mas dominar as tecnologias do futuro.

Com um olhar focado na educação e no desenvolvimento humano, convido você a se unir a mim nessa jornada transformadora, explorando as possibilidades e desafios que essa era digital nos reserva.

15 Como Contatar o Prof. Marcão.

15.1 Para palestras, treinamento e mentoria empresarial.

marcao.tecno@gmail.com

15.2 Prof. Marcão, no Linkedin.

https://bit.ly/linkedin_profmarcao